El Cordero de DIOS

AYER, HOY

Y SIEMPRE

BENNY HINN

El Cordero de DIOS

AYER, HOY

Y SIEMPRE

CLARION CALL MARKETING

CORDERO DE DIOS: AYER, HOY Y SIEMPRE

Publicado por:
Clarion Call Marketing, Inc.
Dallas, Texas

© Derechos reservados 2004 Clarion Call Marketing, Inc.

Primera edición 2004
Traducción: Mónica Alarcón y Miguel Solano
Edición: Rafael Serrano, Jacob Bailey y Russell Lugo

ISBN: 1-59574-010-4

http://Latino.BennyHinn.org

Impreso en los Estados Unidos de América
08   07   06   05   04   1   2   3   4   5   6

CONTENIDO

INTRODUCCIÓN
LA INVITACIÓN DE LOS SIGLOS   vii

1 EL CORDERO DE DIOS:
       332 PROFECÍAS   1

2 DE LA PASCUA A LA CRUZ:
       21 REVELACIONES EXCEPCIONALES   37

3 EL CORDERO DE DIOS:
       7 FIESTAS DE ISRAEL   79

4 TOMA TU CRUZ:
       SIGUE AL CORDERO   111

5 REDENCIÓN POR MEDIO DEL CORDERO:
       7 BENDICIONES ETERNAS   123

       UNA PALABRA FINAL
       EL CORDERO DE DIOS Y USTED   141

LA INVITACIÓN DE LOS SIGLOS

He aquí el Cordero de Dios, que quita el pecado del mundo.

—JUAN 1:29

*P*or qué murió Jesucristo en la cruz? ¿Qué ocasionó que el Hijo del Hombre hiciera lo inimaginable, dar su vida como sustituto por cada uno de nosotros?

Los interrogantes acerca de Jesucristo, especialmente sobre su muerte, sepultura y resurrección, continúan hasta el día de hoy. He escrito este libro específicamente para responder a tantos interrogantes acerca de Jesucristo que ahora más que nunca, hombres, mujeres y niños en todo mundo luchan por responder. Si hay algo que está obligando a que cada vez haya más gente fijándose en la cruz para buscar soluciones, es la creciente sacudida de las bases financieras, políticas y territoriales del mundo. El momento no podría ser más oportuno.

Yo entiendo la cantidad de interrogantes porque he pasado toda una vida tras la búsqueda de las mismas respuestas. Y la cruz sencillamente no se enseña mucho en las iglesias de hoy. La respuesta de mi libro La Sangre, me ayudó a entender, en mayor medida, realmente lo hambrienta que está la gente por saber más acerca de este evento tan trascendental, histórico, espiritual y celebrado que a menudo, simplemente no se enseña ni se discute. ¿Por qué murió Jesucristo en la cruz?

La historia de la crucifixión de Cristo se ha vuelto quizá tan familiar para creyentes y no creyentes que muchas veces ha perdido su habilidad para inspirar dolor o aun para causar gran emoción. De alguna manera, a través de los siglos, la humanidad ha intentado diluir el momento crucial de la historia. Hemos quitado la horrible vergüenza pública, los violentos golpes de los látigos e intentado evadir la salvaje estocada de la lanza en el costado de Jesús. Al hacerlo, la historia de la Pascua muchas veces ignora el amor sobrenatural de Dios que estaba siendo derramado sobre toda la humanidad.

En el mundo hoy existen tantos interrogantes acerca de la cruz, sin embargo creo que es tiempo de que se les cuente a todos los hombres, mujeres y niños en todas partes, acerca del triunfo del plan de Dios, expresado hace dos siglos por medio de la palabra inspirada por el Espíritu Santo en el libro de Juan: *"He aquí el Cordero de Dios, que quita el pecado del mundo"*.

El Momento Decisivo de la Historia

No importa como lleguen las personas al lugar de búsqueda de las respuestas más profundas acerca de la muerte, sepultura y resurrección de Jesucristo. Han llegado al lugar de todas las respuestas y de la Respuesta. Todo en la historia, antes y después, apunta hacia la cruz del Calvario. La historia es, después de todo, su historia. La humanidad, casi universalmente, utiliza el calendario gregoriano (y algunas veces el juliano) el cual separa el tiempo en a.C. (antes de Cristo) y d.C. (después de Cristo) a.D. (una

La historia es, después de todo, su historia.

abreviatura para *anno Domini* en latín, que significa "en el año de nuestro Señor", refiriéndose al año aproximado del nacimiento de Jesucristo).

Aún intentos políticamente correctos de traducir a.C a a.E.C. (antes de la era común) y d.C. a E.C. (era común) no han podido disminuir el hecho de que el Salvador se posiciona audazmente como el punto central de toda la humanidad.

Ciertamente, la Biblia apunta a la centralidad de Jesucristo. La gente habla algunas veces acerca de las diferencias entre el Dios del Antiguo Testamento y el Dios del Nuevo Testamento. Pero el Cristianismo enseña que el Dios del Antiguo Testamento es el Dios del Nuevo Testamento. Dios se pudo haber revelado a nosotros progresivamente, pero él es eterno y no cambia.

Algunos parecen no entender la relación entre el Antiguo y Nuevo Testamentos, como si hubiera grandes diferencias entre ambos. Jesucristo, sin embargo, dijo que él vino a cumplir la ley, no a abolirla.

La Biblia no empieza con el Nuevo Testamento. Es un documento integrado desde Génesis hasta Apocalipsis. Prácticamente casi cada página del Antiguo Testamento apunta hacia el Nuevo.

"En el principio era el Verbo," así comienza el evangelio de Juan, refiriéndose a Jesús como el Verbo: *"y el Verbo era con Dios, y el Verbo era Dios"* (1:1). Una vez establecido el lugar prominente que tiene Cristo en toda la eternidad, Juan—bajo la inspiración del Espíritu Santo—continúa escribiendo estas poderosas verdades: *"Este era en el principio con Dios. Todas las cosas por él fueron hechas, y sin él nada de lo que ha sido hecho, fue hecho. En él estaba la vida, y la vida era la luz de los hombres"* (1:2–4).

Pero ¿por qué haría Jesús lo que hizo? ¿Qué lo hizo dejar el esplendor del cielo para nacer en Belén? ¿Qué lo pudo haber motivado a soportar una vida de tentación y peligro mientras buscaba llamar, discipular y preparar a un puñado de seguidores quienes eventualmente serían enviados para sacudir las tradiciones del mundo y traer esperanza y sanidad a las masas? ¿Por qué habría pasado voluntariamente por el vergonzoso, vil e inhumano trato a manos de gente que no quería (o no podía) comprender el evento histórico en el cual estaban participando? ¿Cuál es la verdadera historia detrás de su muerte? ¿Qué sucedió después que tiene consecuencias eternas para usted y para mí?

Mientras busca las respuestas, querido lector, fíjese en el Cristo del Calvario, porque ese es el punto central de toda verdad, sabiduría y conocimiento. Es esa verdad la que ha cambiado a los hombres y mujeres más duros del mundo y los ha convertido en los testigos más eficaces de Dios. Es esa verdad la que ha jugado un papel importante en el panorama de la gente que ha anhelado ser libre del totalitarismo y de la esclavitud humana. Ha cambiado el curso de la historia, de reyes y de grandes líderes militares.

Todo, antes y después del Calvario, apunta hacia lo que hizo el Salvador en la Cruz. A causa de su sacrificio y mucho más, tenemos la Respuesta a los interrogantes más insistentes, difíciles y transformadores que puedan existir. Él es el bendito Cristo de la cruz, y qué eterna diferencia ya ha hecho en la vida de cada creyente. Es por eso que podemos decir:

> En el monte Calvario estaba una cruz,
> El emblema de afrenta y dolor,
> Y yo amo esa cruz do murió mi Jesús
> Por salvar al más vil pecador.
>
> ¡Oh yo siempre amaré esa cruz!
> En sus triunfos mi gloria será
> Y algún día en vez de una cruz,
> Mi corona Jesús me dará.[1]

1

EL CORDERO DE DIOS:
332 PROFECÍAS

De éste dan testimonio todos los profetas, que todos los que en
él creyeren, recibirán perdón de pecados por su nombre.

—HECHOS 10:43

EL ANTIGUO TESTAMENTO fue dado por el Espíritu Santo a
los profetas y fue completado aproximadamente cuatrocientos
cincuenta años antes de que Jesucristo naciera en Belén. Esto es especialmente emocionante para los eruditos bíblicos puesto que han
entendido que más de trescientas profecías, muchas con detalles
gráficos, se predijeron meticulosamente a través de todo el Antiguo
Testamento, y después se cumplieron asombrosamente una por una a
través del nacimiento, vida, crucifixión, sepultura, resurrección y
ascensión de una sola persona en toda la historia: Jesucristo.

Cuando se estudia el Nuevo Testamento, creo que es necesario un
entendimiento claro del Antiguo Testamento, ya que el Antiguo
Testamento está incompleto sin el Nuevo. Es de esta manera: El Nuevo
Testamento está escondido en el Antiguo, y el Antiguo se revela en el
Nuevo. ¡Es necesario tener los dos!

Veamos cómo el Antiguo y Nuevo Testamento se complementan
asombrosamente al anunciar y cumplir las profecías mesiánicas. Los

eruditos bíblicos dicen que las posibilidades de que una sola persona cumpla tan sólo ocho de las profecías mesiánicas son una en 100.000.000.000.000.000. Josh McDowell, el, conocido autor afirma acerca de estas probabilidades, explicando que para que una sola persona cumpla 48 de estas profecías, el número llega a ser asombroso—1 probabilidad en 10 a la 157ava potencia (1 seguido de 157 ceros). Sume a esto las otras 250 profecías y se vuelve imposible para ninguna otra persona, excepto para Jesús, cumplir jamás esa secuencia particular de tiempo y eventos.[1]

PROFECÍAS Y CUMPLIMIENTOS

En el Antiguo Testamento hay varias profecías maravillosas en las que se describe detalladamente el nacimiento, vida, muerte, sepultura, resurrección y ascensión de Jesucristo. Para estudio adicional, al final de este capítulo daré una lista más completa de 332 de estas profecías mesiánicas. Aquí hay algunas que he detallado:

El Mesías saldría del linaje de Abraham. Esto se resume en Génesis 18:18 (escrito aproximadamente mil cuatrocientos años antes del nacimiento de Cristo): *"Habiendo de ser Abraham una nación grande y fuerte, y habiendo de ser benditas en él todas las naciones de la tierra?"* (También leer Génesis 12:3).

Esto es también un asunto de certidumbre histórica, como se describe en Hechos 3:25: *"Vosotros sois los hijos de los profetas, y del pacto que Dios hizo con nuestros padres, diciendo a Abraham: En tu simiente serán benditas todas las familias de la tierra"*. (También leer Gálatas 3:8).

En adición a la genealogía de Abraham, Jesús descendería específicamente de Isaac, el hijo de Abraham. Génesis 17:19 explica: *"Respondió Dios: Ciertamente Sara tu mujer te dará a luz un hijo, y*

*llamarás su nombre Isaac; y confirmaré mi pacto con él como pacto perpetuo
para sus descendientes después de él".*

Mateo 1:1–2 y 15–17 apunta al cumplimiento:

> *Libro de la genealogía de Jesucristo, hijo de David, hijo de
> Abraham. Abraham engendró a Isaac, Isaac a Jacob, y Jacob a
> Judá y a sus hermanos;… Eliud engendró a Eleazar, Eleazar a
> Matán, Matán a Jacob; y Jacob engendró a José, marido de María,
> de la cual nació Jesús, llamado el Cristo. De manera que todas las
> generaciones de Abraham hasta David son catorce.*

**También, el Mesías sería descendiente directo del nieto de Abraham y
del hijo de Isaac, Jacob, no de Esaú, su otro hijo.** *Números 24:16–17 señala:*

> *Dijo el que oyó los dichos de Jehová, y el que sabe la ciencia del
> Altísimo, el que vio la visión del Omnipotente; caído, pero abiertos
> los ojos: Lo veré, mas no ahora; lo miraré, mas no de cerca; saldrá
> ESTRELLA de Jacob, y se levantará cetro de Israel, y herirá las
> sienes de Moab, y destruirá a todos los hijos de Set.*

Esto se cumplió claramente tal como lo describe Lucas 3:23, 34

> *Jesús mismo al comenzar su ministerio era como de treinta años,
> hijo, según se creía, de José, hijo de Elí…hijo de Jacob, hijo de
> Isaac, hijo de Abraham, hijo de Taré, hijo de Nacor.*

El Cristo vendría de Judá, una de las doce tribus de Israel.

Génesis 49:10 (escrito aproximadamente 1400 a.C.) describe el
linaje de esta forma: *"No será quitado el cetro de Judá, ni el legislador de
entre sus pies, hasta que venga Siloh; y a él se congregarán los pueblos".* Esta
línea exacta de genealogía es detallada en Lucas 3:23, 33:

Jesús mismo al comenzar su ministerio era como de treinta años, hijo, según se creía, de José, hijo de Elí...hijo de Aminadab, hijo de Aram, hijo de Esrom, hijo de Fares, hijo de Judá.

Se profetizó el lugar específico del nacimiento del Salvador, el cual sería el pueblito de Belén. El profeta Miqueas (quien escribió la profecía inspirada por el Espíritu Santo 750 a 686 años antes de Cristo) señala al linaje de la tribu de Judá, pero más adelante describe el pequeño pueblo, localizado a un poco más de 8 kilómetres al sureste de Jerusalén, que sería el lugar del nacimiento del Mesías: *"Pero tú, Belén Efrata, pequeña para estar entre las familias de Judá, de ti me saldrá el que será Señor en Israel; y sus salidas son desde el principio, desde los días de la eternidad"* (Miqueas 5:2).

Mateo 2:1 revela el cumplimiento profético exacto, aunque los padres del niño Jesús vivían en Nazaret, un pueblo que consistía, en aquel entonces, de una poco más de docena de familias: *"Cuando Jesús nació en Belén de Judea en días del rey Herodes, vinieron del oriente a Jerusalén unos magos"*.

Jesucristo nacería sobrenaturalmente de una virgen. Isaías 7:13–14 (Los eruditos bíblicos e historiadores apuntan a estas palabras escritas entre el 701 y 681 a.C.):

> *Dijo entonces Isaías: Oíd ahora, casa de David. ¿Les es poco el ser molestos a los hombres, sino que también lo sean a mi Dios? Por tanto, el Señor mismo les dará señal: He aquí que la virgen concebirá, y dará a luz un hijo, y llamará su nombre Emanuel.*

Mateo 1:18 apunta a la asombrosa profecía que se volvió realidad: *"El nacimiento de Jesucristo fue así: Estando desposada María su madre con José, antes que se juntasen, se halló que había concebido del Espíritu Santo"*.

José y María serían obligados por seguridad a huir con el niño Jesús y establecerse en Egipto. Oseas 11:1 predice: *"Cuando Israel era muchacho, yo lo amé, y de Egipto llamé a mi hijo"*.

Matthew Henry, el conocido teólogo, describe que se dice que estas palabras se cumplieron en Cristo, cuando, al morir Herodes, él y sus padres fueron "llamados de Egipto" (Mateo 2:15), para que las palabras tengan doble aspecto, históricamente hablando del llamado de Israel a salir de Egipto y proféticamente de la venida de Cristo desde entonces; y el primero era un tipo del segundo.

Mateo 2:13–15 comparte el cumplimiento de esta profecía:

> *Después que partieron ellos, he aquí un ángel del Señor apareció en sueños a José y dijo: Levántate y toma al niño y a su madre, y huye a Egipto, y permanece allá hasta que yo te diga; porque acontecerá que Herodes buscará al niño para matarlo. Y él, despertando, tomó de noche al niño y a su madre, y se fue a Egipto, y estuvo allá hasta la muerte de Herodes, para que se cumpliera lo que dijo el Señor por medio del profeta, cuando dijo: De Egipto llamé a mi Hijo.*

Cuando él empezó su ministerio público, Jesús ministraba por toda Galilea, principalmente en el área del Mar de Galilea y el Río Jordán.

Isaías 9:1–2 indica:

> *Mas no habrá siempre oscuridad para la que está ahora en angustia, tal como la aflicción que le vino en el tiempo que livianamente tocaron la primera vez a la tierra de Zabulón y a la tierra de Neftalí, pues al fin llenará de gloria el camino del mar, de aquel lado del Jordán, en Galilea de los gentiles. El pueblo que andaba en tinieblas vio gran luz; los que moraban en tierra de sombra de muerte, luz resplandeció sobre ellos.*

En un paralelo asombroso, Mateo 4:12–17 describe incluso los lugares del ministerio de Cristo:

> *Cuando Jesús oyó que Juan estaba preso, volvió a Galilea; y dejando a Nazaret, vino y habitó en Capernaúm, ciudad marítima, en la región de Zabulón y de Neftalí, para que se cumpliese lo dicho por el profeta Isaías, cuando dijo: Tierra de Zabulón y tierra de Neftalí, camino del mar, al otro lado del Jordán, Galilea de los gentiles; el pueblo asentado en tinieblas vio gran luz; y a los asentados en región de sombra de muerte, luz les resplandeció. Desde entonces comenzó Jesús a predicar.*

Aunque Cristo vino de linaje judío, se profetizó sin reserva que iba a ser rechazado por su propia gente.

Isaías 53:1–4 describe este rechazo sucintamente:

> *¿Quién ha creído a nuestro anuncio? ¿Y sobre quién se ha manifestado el brazo de Jehová? Subirá cual renuevo delante de él, y como raíz de tierra seca; no hay parecer en él, ni hermosura; le veremos, mas sin atractivo para que le deseemos. Despreciado y desechado entre los hombres, varón de dolores, experimentado en quebranto; y como que escondimos de él el rostro, fue menospreciado, y no lo estimamos. Ciertamente llevó él nuestras enfermedades y sufrió nuestros dolores; y nosotros le tuvimos por azotado, por herido de Dios y abatido.*

En Juan 1:10–11 este hecho histórico es indicado con franqueza: "En el mundo estaba, y el mundo por él fue hecho; pero el mundo no le conoció. A lo suyo vino, y los suyos no le recibieron".

Jesús, del linaje de Isaí, padre del rey David, mostraría sabiduría y carácter poco comunes. Isaías 11:1–2 ofrece la profecía específica:

> Saldrá una vara del tronco de Isaí, y un vástago retoñará de sus raíces. Y reposará sobre él el Espíritu de Jehová; espíritu de sabiduría y de inteligencia, espíritu de consejo y de poder, espíritu de conocimiento y de temor de Jehová.

Lucas 2:52 refleja esa profecía: "Y Jesús crecía en sabiduría y en estatura, y en gracia para con Dios y los hombres".

Jesús entraría triunfalmente a Jerusalén montado en un asno. Zacarías 9:9–10 (escrito entre 520 y 518 a.C.) apunta a ese día:

> Alégrate mucho, hija de Sión; da voces de júbilo, hija de Jerusalén; he aquí tu rey vendrá a ti, justo y salvador, humilde, y cabalgando sobre un asno, sobre un pollino hijo de asna. Y de Efraín destruiré los carros, y los caballos de Jerusalén, y los arcos de guerra serán quebrados; y hablará paz a las naciones, y su señorío será de mar a mar, y desde el río hasta los fines de la tierra.

El evangelio de Juan, escrito medio siglo después y grabado en el capítulo 12, versículos 12 al 16 habla del cumplimiento:

> El siguiente día, grandes multitudes que habían venido a la fiesta, al oír que Jesús venía a Jerusalén, tomaron ramas de palmera y salieron a recibirle, y clamaban: ¡Hosanna! ¡Bendito el que viene en el nombre del Señor, el Rey de Israel! Y halló Jesús un asnillo, y montó sobre él, como está escrito: No temas, hija de Sion; he aquí tu Rey viene, montado sobre un pollino de asna. Estas cosas no las

7

*entendieron sus discípulos al principio; pero cuando Jesús fue glorifi-
cado, entonces se acordaron de que estas cosas estaban escritas
acerca de él, y de que se las habían hecho.*

El Salvador sería traicionado por treinta piezas de plata. El profeta
Zacarías dio la cantidad específica: *"Y les dije, Si os parece bien, dadme
mi salario; y si no, dejadlo. Y pasaron por mi salario treinta piezas de plata"*
(11:12).

Mateo 26:14–16 registró el hecho mismo y la cantidad:

> *Entonces uno de los doce, que se llamaba Judas Iscariote, fue a los
> principales sacerdotes, y les dijo; ¿Qué me queréis dar y yo os lo
> entregaré? Y ellos le asignaron treinta piezas de plata. Y desde
> entonces buscaba oportunidad para entregarle.*

**Se profetizó el uso que se daría al dinero pagado para que se
cometiera el asesinato.** Zacarías (escrito entre 520 y 518 a.C.) dijo que
esta plata sería devuelta por el traidor y finalmente usada para comprar
el campo de un alfarero: *"Y me dijo Jehová: Échalo al tesoro, ¡hermoso
precio con que me han apreciado! Y tomé las treinta piezas de plata, y las
eché en la casa de Jehová al tesoro"* (Zacarías 11:13).

Mateo 27:3–10 da una imagen perfecta al relatar lo que sucedió en
realidad al hombre cuyo nombre todavía representa traición y engaño:

> *Entonces Judas, el que le había entregado, viendo que era conde-
> nado, devolvió arrepentido las treinta piezas de plata a los princi-
> pales sacerdotes y a los ancianos, diciendo: Yo he pecado entregando
> sangre inocente. Mas ellos dijeron: ¿Qué nos importa a nosotros?
> ¡Allá tú! Y arrojando las piezas de plata en el templo, salió, y fue y
> se ahorcó. Los principales sacerdotes, tomando las piezas de plata,
> dijeron. No es lícito echarlas en el tesoro de las ofrendas, porque es*

precio de sangre. Y después de consultar, compraron con ellas el
campo del alfarero, para sepultura de los extranjeros. Por lo cual
aquel campo se llama hasta el día de hoy: Campo de sangre. Así se
cumplió lo dicho por el profeta Jeremías, cuando dijo: Y tomaron las
treinta piezas de plata, precio del apreciado, según precio puesto por
los hijos de Israel y las dieron para el campo del alfarero, como me
ordenó el Señor.

Jesús sería acusado por testigos falsos. Salmo 35:11 predijo: *"Se levantan testigos malvados, de lo que no sé me preguntan"*. De igual forma, Salmo 109:2 relata: *"Porque boca de impío y boca de engañador se han abierto contra mí; han hablado de mí con lengua mentirosa"*. Mil años después, no sólo los principales sacerdotes buscaron testigos falsos contra Jesucristo (Mateo 26:59), sino que aunque muchos testigos falsos vinieron, no encontraron a ninguno que estuviera de acuerdo (Mateo 26:60), en lo que muchos historiadores y eruditos bíblicos afirman que fue un juicio ilegal y un error judicial.

Cristo permanecería en silencio durante su juicio al ser acusado. Isaías (escrito entre 701 y 681 a.C.) da un retrato hablado muy explícito:

Angustiado él, y afligido, no abrió su boca; como cordero fue
llevado al matadero; y como oveja delante de sus trasquiladores,
enmudeció, y no abrió su boca. (Isaías 53:7)

Mateo 26:62–63 señala este incidente exacto:

Y levantándose el sumo sacerdote, le dijo: ¿No respondes nada?
¿Qué testifican éstos contra ti? Más Jesús callaba. Entonces el sumo
sacerdote le dijo: Te conjuro por el Dios viviente, que nos digas si
eres tú el Cristo; el Hijo de Dios.

Jesús se ofrecería a sí mismo como un sacrificio voluntario por los pecados de la humanidad. Isaías 53:4–6 ofrece un pasaje asombroso:

> Ciertamente llevó él nuestras enfermedades, y sufrió nuestros dolores; y nosotros le tuvimos por azotado, por herido de Dios y abatido. Mas él, herido fue por nuestras rebeliones, molido por nuestros pecados; el castigo de nuestra paz fue sobre él, y por su llaga fuimos nosotros curados. Todos nosotros nos descarriamos como ovejas, cada cual se apartó por su camino; más Jehová cargó en él el pecado de todos nosotros.

Mateo 8:16–17, escrito casi setecientos años después de la profecía de Isaías, señala al sacrificio de Cristo y la profecía:

> Y cuando llegó la noche, trajeron a él muchos endemoniados; y con la palabra echó fuera a los demonios y sanó a todos los enfermos; para que se cumpliese lo dicho por el profeta Isaías, cuando dijo: El mismo tomó nuestras enfermedades, y llevó nuestras dolencias.

Marcos 15:25–28 verifica lo que sucedió casi setecientos años después de la profecía de Isaías:

> Era la hora tercera cuando le crucificaron. Y el título escrito de su causa era: EL REY DE LOS JUDÍOS. Crucificaron también con él a dos ladrones, uno a su derecha, y el otro a su izquierda. Y se cumplió la Escritura que dice: Y fue contado con los inicuos.

El perfecto Salvador sería crucificado con criminales comunes. Isaías 53:11–12 hace esta profecía:

Verá el fruto de la aflicción de su alma, y quedará satisfecho; por su conocimiento justificará mi siervo justo a muchos, y llevará las iniquidades de ellos. Por tanto, yo le daré parte con los grandes, y con los fuertes repartirá despojos; por cuanto derramó su vida hasta la muerte, y fue contado con los pecadores, habiendo él llevado el pecado de muchos, y orado por los transgresores.

Y mientras estamos viendo este pasaje de la Escritura, dense cuenta de cómo el Señor Jesús intercede por uno de los ladrones, como fue predicho siete siglos antes por medio de Isaías cuando el profeta escribió: "*Y fue contado con los pecadores; habiendo él llevado el pecado de muchos, y orado por los trasgresores*" (Isaías 53:12). Esto se cumplió exactamente tal como lo registra Lucas 23:39–43:

Y uno de los malhechores que estaba colgado, le injuriaba, diciendo: Si tú eres el Cristo, sálvate a ti mismo y a nosotros. Respondiendo el otro, le reprendió, diciendo: ¿Ni aún temes tu a Dios, estando en la misma condenación? Nosotros, a la verdad, justamente padecemos, porque recibimos lo que merecieron nuestros hechos; mas este ningún mal hizo. Y dijo a Jesús: Acuérdate de mí cuando vengas en tu reino. Entonces Jesús le dijo: De cierto te digo que hoy estarás conmigo en el paraíso.

David el salmista apunta al hecho de que las manos y los pies del Mesías serían perforados. Esto es especialmente poco común porque en el tiempo del rey David, los judíos ejecutaban a sus criminales apedreándolos. Históricamente, la crucifixión fue una costumbre griega y romana, pero esos imperios ni siquiera existían cuando David escribió éstas palabras un milenio antes de que sucediera el hecho real:

Como un tiesto se secó mi vigor, y mi lengua se pegó a mi paladar, y me has puesto en el polvo de la muerte. Porque perros me han rodeado; me ha cercado cuadrilla de malignos; horadaron mis manos y mis pies. Contar puedo todos mis huesos; entre tanto, ellos me miran y me observan. (Salmo 22:15–17)

Esta profecía fue cumplida y probada por Tomás, el más incrédulo de los discípulos del Salvador, como se registra en Juan 20:24–28:

Pero Tomás, uno de los doce, llamado Dídimo, no estaba con ellos cuando Jesús vino. Le dijeron, pues, los otros discípulos: Al Señor hemos visto. El les dijo: Si no viera en sus manos la señal de los clavos, y metiere mi dedo en el lugar de los clavos y metiere mi mano en su costado, no creeré. Ocho días después, estaban otra vez sus discípulos dentro, y con ellos Tomás. Llegó Jesús, estando las puertas cerradas, y se puso en medio y les dijo: Paz a vosotros. Luego dijo a Tomás: Pon aquí tu dedo, y mira mis manos; y acerca tu mano, y métela en mi costado; y no seas incrédulo, sino creyente. Entonces, Tomás respondió y le dijo: ¡Señor mío, y Dios mío! Jesús le dijo: Porque me has visto, Tomás, creíste; bienaventurados los que no vieron, y creyeron.

¿Cuánto cambió la vida de Tomás el ver las cicatrices? Los historiadores casi universalmente concuerdan que Tomás pasó el resto de su vida predicando el evangelio y fundando iglesias, y después, según se afirma, fue mártir en la India.

Cristo sería injuriado, puesto en ridículo e insultado por la gente. Salmo 22:6–8 nos da una vislumbre:

Mas yo soy gusano, y no hombre; oprobio de los hombres, y despreciado del pueblo. Todos los que me ven, me escarnecen; estiran la

boca, menean la cabeza, diciendo: Se encomendó a Jehová, líbrele
él; sálvele puesto que en él se complacía.

Mateo 27:39–42, escrito mil años después, describe de un modo
muy gráfico lo que sucedió en la Cruz:

> Y los que pasaban le injuriaban, meneando la cabeza, y diciendo:
> Tú que derribas el templo, y en tres días lo reedificas, sálvate a ti
> mismo; si eres Hijo de Dios, desciende de la Cruz. De esta manera
> también los principales sacerdotes, escarneciéndole con los escribas y
> los fariseos y los ancianos, decían: A otros salvó, a sí mismo no se
> puede salvar; si es el Rey de Israel, descienda ahora de la cruz, y
> creeremos en él.

**David detalla el líquido específico que sería ofrecido a Jesucristo
durante el tiempo que estaría en la cruz, cuando llevó nuestra
vergüenza.** Salmo 69:19–21 dice:

> Tú sabes mi afrenta, mi confusión y mi oprobio; delante de ti están
> todos mis adversarios. El escarnio ha quebrantado mi corazón, y
> estoy acongojado. Esperé quien se compadeciese de mí, y no lo
> hubo; y consoladores, y ninguno hallé. Me pusieron además hiel por
> comida, y en mi sed me dieron a beber vinagre.

Juan 19:28–30 refleja la bebida que se le ofreció:

> Después de esto, sabiendo Jesús que ya todo estaba consumado,
> dijo, para que la Escritura se cumpliese: Tengo sed. Y estaba allí
> una vasija llena de vinagre; entonces ellos empaparon en vinagre
> una esponja, y poniéndola en un hisopo, se la acercaron a la boca.
> Cuando Jesús hubo tomado el vinagre, dijo: Consumado es. Y ha-
> biendo inclinado la cabeza, entregó el espíritu.

El profeta Zacarías profetizó que el costado del Mesías iba a ser traspasado con una lanza. Esta profecía, hecha entre 520 y 518 a.C., es también poco común porque se refiere a ambos, al linaje de Cristo y al lugar en el que se llevaría a cabo el traspaso:

> *Y derramaré sobre la casa de David, y sobre los moradores de Jerusalén, espíritu de gracia y de oración; y mirarán a mí, a quien traspasaron, y llorarán como se llora por hijo unigénito, afligiéndose por él como quien se aflige por el primogénito. (Zacarías 12:10)*

Juan 19:34–36 revela el cumplimiento:

> *Pero uno de los soldados le abrió el costado con una lanza, y al instante salió sangre y agua. Y el que vio da testimonio, y su testimonio es verdadero; y él sabe que dice verdad, para que vosotros también creáis.*

Otra profecía del salmista contó cómo los soldados echarían suertes sobre la ropa del Salvador. Salmo 22:18–19 revela: "*Repartieron entre sí mis vestidos, y sobre mi ropa echaron suertes. Mas tú, Jehová, no te alejes Fortaleza mía, apresúrate a socorrerme*". Mateo 27:35–36 apunta a lo que ocurrió casi un milenio después de que el Espíritu Santo inspiró al pastor David para que escribiera estas palabras: "*Cuando le hubieron crucificado, repartieron entre sí sus vestidos, echando suertes, para que se cumpliese lo dicho por el profeta: Partieron entre sí mis vestidos, y sobre mi ropa echaron suertes*".

Más específicamente, David describe como ni un solo hueso del cuerpo de Cristo sería quebrantado. Salmo 34:18–20 declara:

> *Cercano está Jehová a los quebrantados de corazón; y salva a los contritos de espíritu. Muchas son las aflicciones del justo, pero de*

todas ellas le librará Jehová. El guarda todos sus huesos; ni uno de ellos será quebrantado.

Asombrosamente, aún después de la tortura, antes y durante la crucifixión, Juan 19:31–33 describe lo que ocurrió:

> *Entonces los judíos, por cuanto era la preparación de la pascua, a fin de que los cuerpos no quedasen en la cruz en el día de reposo (pues aquel día de reposo era de gran solemnidad), rogaron a Pilato que se les quebrantasen las piernas, y fuesen quitados de aquí. Vinieron, pues, los soldados, y quebraron las piernas al primero, y asimismo al otro que había sido crucificado con él. Más cuando llegaron a Jesús, como le vieron ya muerto, no le quebraron las piernas.*

Cristo iba a ser enterrado, no en un lugar propio, sino en la tumba de un hombre rico. Isaías 53:6–9 mira casi setecientos años hacia el futuro para describir cómo el ritual de la sepultura se desarrollaría de una manera poco común:

> *Todos nosotros nos descarriamos como ovejas, cada cual se apartó por su camino; mas Jehová cargó en él el pecado de todos nosotros. Angustiado él, y afligido, no abrió su boca; como cordero fue llevado al matadero; y como oveja delante de sus trasquiladores, enmudeció y no abrió su boca. Por cárcel y por juicio fue quitado; y su generación, ¿quién la contará? Porque fue cortado de la tierra de los vivientes, y por la rebelión de mi pueblo fue herido. Y se dispuso con los impíos su sepultura, mas con los ricos fue en su muerte; aunque nunca hizo maldad, ni hubo engaño en su boca.*

Mateo 27:57–60 revela lo que ocurrió:

> *Cuando llegó la noche, vino un hombre rico de Arimatea, llamado José, que también había sido discípulo de Jesús. Este fue a Pilato y*

15

pidió el cuerpo de Jesús. Entonces Pilato mandó que se le diese el cuerpo. Y tomando José el cuerpo, lo envolvió en una sábana limpia, y lo puso en su sepulcro nuevo, que había labrado en la peña; y después de hacer rodar una gran piedra a la entrada del sepulcro, se fue.

En una profecía poco común, David apuntó a la resurrección del Salvador después de su muerte. Salmo 16:8–10 declara:

A Jehová he puesto siempre delante de mí; porque está a mi diestra, no seré conmovido. Se alegró por tanto mi corazón, y se gozó mi alma; mi carne también reposará confiadamente; porque no dejarás mi alma en el Seol, ni permitirás que tu santo vea corrupción.

Mateo 28:1–10 dice lo que se llevó a cabo mil años después:

Pasado el día de reposo, al amanecer del primer día de la semana, vinieron María Magdalena y la otra María, a ver el sepulcro. Y hubo un gran terremoto; porque un ángel del Señor, descendiendo del cielo y llegando, removió la piedra, y se sentó sobre ella. Su aspecto era como de un relámpago, y su vestido blanco como la nieve. Y de miedo de él los guardas temblaron y se quedaron como muertos. Mas el ángel, respondiendo, dijo a las mujeres: No temáis vosotras; porque yo sé que buscáis a Jesús, el que fue crucificado. No está aquí, pues ha resucitado, como dijo: Venid, ved el lugar donde fue puesto el Señor. E id pronto y decid a sus discípulos que ha resucitado, como dijo. Venid, ved el lugar donde fue puesto el Señor. E id pronto y decid a sus discípulos que ha resucitado de los muertos, y he aquí va delante de vosotros a Galilea; allí le veréis. He aquí, os lo he dicho. Entonces ellas, saliendo del sepulcro con temor y gran gozo, fueron corriendo a dar nuevas a sus discípulos. Y mientras iban a dar las nuevas a los discípulos, he aquí, Jesús les salió al encuentro, diciendo: ¡Salve! Y ellas, acercándose, abrazaron sus pies, y le adoraron. Entonces Jesús les dijo: No temáis; id, dad las nuevas a mis hermanos, para que vayan a Galilea, y allí me verán.

El salmista también profetizó cómo Jesucristo ascendería al cielo. Salmo 68:18–19 ofrece una vívida descripción.

Subiste a lo alto, cautivaste a la cautividad, tomaste dones para los hombres, y también para los rebeldes, para que habite entre ellos JAH Dios. Bendito el Señor; cada día nos colma de beneficios, el Dios de nuestra salvación.

Lucas 24:50–52 es una de los relatos del Evangelio de lo que sucedió en presencia de los apóstoles:

Y los sacó fuera hasta Betania, y alzando sus manos, los bendijo. Y aconteció que bendiciéndolos, se separó de ellos, y fue llevado arriba al cielo. Ellos, después de haberle adorado, volvieron a Jerusalén con gran gozo.

El mensaje de salvación y esperanza del Salvador alcanzaría hasta lo último de la tierra. Isaías 49:6 (escrito entre 701 y 681 a.C.) ofrece un panorama poco común del impacto que vendría al mundo, no sólo al pueblo de Cristo, los judíos, sino a todas las culturas alrededor del planeta: *"Dice: Poco es para mí que tú seas mi siervo para levantar las tribus de Jacob, y para que restaures el remanente de Israel; también te di por luz de las naciones, para que seas mi salvación hasta lo postrero de la tierra".*

Este mensaje continúa difundiéndose porque el cristianismo es decididamente único en toda la historia por su alcance evangelístico a los corazones de la humanidad, antes que por medio de subversión y dominación. Los seguidores de Jesús creen que la salvación, el perdón de pecados y una eternidad con el Padre para siempre en el cielo están disponibles para "todo aquel", refiriéndose a cualquiera que acepte a Jesucristo como Salvador. La historia continúa demostrando la profecía inspirada de Isaías mientras Hechos 13:47 proclama: *"Porque así nos ha mandado el Señor, diciendo: Te he puesto para luz de los gentiles, a fin de que seas para salvación hasta lo último de la tierra"*.

UNA NOTA FINAL

El profundo mensaje de la cruz ha sido examinado y reexaminado a lo largo de varias generaciones. Grandes artistas y escultores han tratado de capturar en su trabajo el impactante mensaje de esta verdad. La búsqueda continúa hasta hoy por la revelación de un hombre, el Salvador, quien se daría a sí mismo para morir de semejante manera.

En Hechos se encuentra escrito un pasaje bastante asombroso:

Cómo Dios ungió con el Espíritu Santo y con poder a Jesús de Nazaret, y como éste anduvo haciendo bienes y sanando a todos los oprimidos por el diablo, porque Dios estaba con él. Y nosotros somos testigos de todas las cosas que Jesús hizo en la tierra de Judea y en Jerusalén; a quien mataron, colgándole en un madero. A éste levantó Dios al tercer día, e hizo que se manifestase; no a todo el pueblo, sino a los testigos que Dios había ordenado de antemano, a nosotros que comimos y bebimos con él después que resucitó de los muertos. Y nos mandó que predicásemos al pueblo, y testificásemos que él es el que Dios ha puesto por Juez de vivos y muertos. De éste dan testimonio todos los profetas, que todos los que en él creyeren, recibirán perdón de pecados por su nombre. (10:38–43)

Todos los profetas a lo largo del Antiguo Testamento, desde Génesis hasta Malaquías, profetizaron información vital acerca de la venida del Mesías, Jesucristo. Como mencionamos en la primera parte de este capítulo, es matemáticamente imposible que un solo hombre pudiera haber cumplido aún pocas de las profecías específicas, mucho menos más de trescientas. Solamente en esta persona, en toda la historia, está el cumplimiento exacto de todas estas profecías.

Jesucristo, de hecho, es el lema, meta y centro de toda profecía a lo largo del Antiguo y Nuevo Testamentos. Él fue quien inspiró a los profetas a través de los siglos a testificar de antemano del nacimiento, vida, muerte, sepultura y resurrección del Salvador.

Todos los profetas a lo largo del Antiguo Testamento, desde Génesis hasta Malaquías, profetizaron información vital acera de la venida del Mesías, Jesucristo.

Las profecías del Antiguo Testamento apuntaron hacia el Salvador. Cuando él vino a la tierra, exactamente como se predijo, entonces él abierta y sinceramente reveló a sus seguidores, amigos y áun a sus enemigos lo que había sido escrito acerca de él.

> *Y estando juntos los fariseos, Jesús les preguntó, diciendo: ¿Qué pensáis del Cristo? ¿De quién es hijo? Le dijeron: De David. El les dijo: ¿Pues cómo David en el Espíritu le llama Señor, diciendo: Dijo el Señor a mi Señor: Siéntate a mi derecha, hasta que ponga a tus enemigos por estrado de tus pies? Pues si David le llama Señor, ¿cómo es su hijo? Y nadie le podía responder palabra; ni osó alguno desde aquel día preguntarle más. (Mateo 22:41–46)*

Entonces él les dijo: ¡O insensatos, y tardos de corazón para creer todo lo que los profetas han dicho! ¿No era necesario que el Cristo padeciera estas cosas, y que entrara en su gloria? Y comenzando desde Moisés y siguiendo por todos los profetas, les declaraba en todas las Escrituras lo que de él decían….Y les dijo: Estas son las palabras que os hablé, estando aún con vosotros: que era necesario que se cumpliese todo lo que está escrito de mí en la ley de Moisés, en los profetas y en los salmos. Entonces les abrió el entendimiento, para que comprendiesen las Escrituras. (Lucas 24:25–27, 44–45)

Jesús se dirigió muy señaladamente a la incredulidad de algunos oyentes, y sus palabras resuenan en nuestros tiempos: *"Porque si creyeseis a Moisés, me creeríais a mí, porque de mí escribió él. Pero si no creéis a sus escritos, ¿cómo creeréis a mis palabras?"* (Juan 5:46–47).

En Marcos 2:5, Jesús le dijo a un hombre paralítico, "Hijo, tus pecados te son perdonados". Algunos de los escribas religiosos que estaban allí atacaron estas nítidas palabras. Dijeron, *"¿Por qué habla éste así? Blasfemias dice ¿Quién puede perdonar pecados sino sólo Dios?"* (2:7).

La respuesta de Jesús, el Hijo del Hombre quien vino a ofrecer su vida como sacrificio por toda la humanidad, dice mucho:

¿Por qué caviláis así en vuestros corazones? ¿Qué es más fácil, decir al paralítico: Tus pecados te son perdonados, o decirle: Levántate, toma tu lecho y anda? Pues para que sepáis que el Hijo del Hombre tiene potestad en la tierra para perdonar pecados. (Marcos 2:8–10)

¡Como un punto de exclamación que alcanza a lo largo de los siglos, Jesús inmediatamente sanó al hombre paralítico (Marcos 2:11-12)! El mensaje era inconfundible para las personas que se encontraban allí, y es inevitable para nosotros hoy. Nadie perdona pecados sino Dios. Claro, muchas personas pueden decir que son capaces de hacer cosas asom-

brosas, pero sólo Jesús tenía la autoridad otor-
gada por Dios para sanar y perdonar pecados.
No había confusión acerca de lo que había
sucedido. Jesús claramente afirmó y
comprobó que él era el Hijo de Dios que
había sido enviado, no sólo en el
cumplimiento de toda profecía, sino
también estaba aquí en la tierra para ofre-
cerse a sí mismo como el sustituto por
todos los pecados de la humanidad. ¿Qué
haríamos usted y yo con ese mismo desafío
eterno?

El mensaje era inconfundible para las personas que se encontraban allí, y es inevitable para nosotros hoy. Nadie perdona pecados sino Dios.

No podemos evitar verlo a los ojos y
tomar algún tipo de decisión eterna.
Encontrándonos cara a cara con todas las
profecías de la Biblia y siglos de pruebas vivas
de que él realmente es "el Cordero de Dios, que
quita el pecado del mundo" (Juan 1:29). Tenemos que aceptarlo como
el Salvador eterno.

C. S. Lewis, un famoso teólogo de Cambridge y alguna vez agnós-
tico quien decidió refutar todas las afirmaciones de la Biblia y finalmente se hizo cristiano, apuntó a la irracionalidad de las afirmaciones
hechas por Jesús, de que él no era verdaderamente el Salvador enviado
por Dios. Él explica que entre estos judíos de repente aparece un
hombre que habla como si fuera Dios. Afirma perdonar pecados; Dice
que siempre ha existido; dice que vendrá a juzgar al mundo al final del
tiempo. Ahora aclaremos esto. Entre los panteístas, como los indios,
cualquiera puede decir que es una parte de Dios, o uno con Dios: no
habría nada de extraño en esto. Pero este hombre, ya que era judío, no
podía referirse a ese tipo de Dios. Dios, en su lenguaje, se refería a un
ser fuera del mundo que había creado y era infinitamente diferente de

cualquier cosa. Y cuando ha comprendido eso, verá que lo que este hombre dijo fue, simplemente, lo mas escandaloso que jamás haya sido emitido por labios humanos.[2]

En otras palabras, no había terreno neutral. Escribe Norman Anderson que él frecuentemente hacía afirmaciones que podían haber sonado escandalosas y blasfemas a los oídos de los judíos, aun de los labios del profeta más grande. Él dijo que ya existía antes que Abraham y que era "Señor" del Sabat; Afirmaba que perdonaba pecados; con frecuencia se identificaba a si mismo (en su obra, su persona y su gloria) con aquel al que él había dado el término de su Padre Celestial. Aceptaba la adoración de los hombres; y decía que él debía ser el juez del hombre en el último día, cuando su eterno destino dependería de su actitud hacia él. Después murió. Parece ineludible, por lo tanto, que su resurrección debe ser interpretada como la justificación decisiva de Dios de estas afirmaciones, mientras que la alternativa—la finalidad o la cruz—necesariamente habrían implicado el repudio de sus presentoral y hasta blastamas ase veraciones blasfemas.[3]

C. S. Lewis, en su famoso libro afirma que tretaba de evitar que alguien diga lo realmente ridículo que a menudo las personas dicen de él: "Estoy listo para aceptar a Jesús como un gran maestro de moral, pero yo no acepto su afirmación de ser Dios". Esa alo que no debemos decir. Un hombre que no era más que un hombre y dijo el tipo de cosas que Jesús dijo no sería un gran maestro de moral. Sería o un lunático—en el mismo nivel que el hombre que dice ser un huevo hervido—o sino sería el Diablo del infierno. Debes tomar tu decisión. Este hombre o era y es, el Hijo de Dios: o de lo contrario era un loco o algo peor.[4]

Después Lewis lanza un golpe mortal en el corazón de la indecisión con respecto al Cristo del Calvario diciendo que el pueden hacerlo callar como a un tonto, pueden escupirle y matarlo como a un demonio; o pueden caer a sus pies y llamarlo Señor y Dios. Pero no salgamos con tonterías condescendientes acerca de ser él un gran maestro humano. Él no nos ha dejado esa opción. No era su intención.[5]

Cuando yo tomé mi decisión de aceptar a Jesús como Salvador, fue sin tener toda la información que le he dado a usted. Lo que he aprendido desde que le pedí a Jesucristo que entrara a mi corazón siendo un adolescente, tan solo ha profundizado mi fe y ha aumentado mi confianza en su habilidad para dirigir mis pasos, ahora y por la eternidad. La profundidad de su amor cuando vino a la tierra y se ofreció a sí mismo en el Calvario es inexplicable. ¿Quién puede realmente entenderlo? Lo único que debemos hacer es aceptarlo.

Es por eso, que desde el principio del tiempo, nuestro Padre nos ha dado tantos ejemplos de su amor eterno siendo derramado sobre cada uno de nosotros. Una de las mejores, y más entendibles imágenes viene del Antiguo Testamento. Con todas las profecías en mente que discutimos en este capítulo, pasemos rápidamente a una ilustración poderosa, dada a su pueblo escogido con respecto a las fiestas de Israel y al plan de Dios para nuestra salvación. Pero antes de pasar a las fiestas, aquí hay algunas profecías adicionales y cumplimientos del nacimiento, vida, ministerio, muerte y resurrección de Cristo para que usted los estudie por su cuenta.

332 PROPHECÍAS CUMPLIDAS

Profecía	Dada	Cumplida
1. Simiente de una mujer (nacimiento de una virgen)	Gn 3:15	Lucas 1:35 Mt 1:18–20
2. Herirá la cabeza de Satanás	Gn 3:15	Hch 2:14 1 Juan 3:18
3. Ascensión en cuerpo al cielo	Gn 5:24	Mr 6:19
4. Hijo de Sem	Gn 9:26–27	Lucas 3:36
5. De la simiente de Abraham	Gn 12:3	Hch 3:25–26
6. Prometido a la simiente de Abraham	Gn 12:7	Gá 3:16
7. Sumo sacerdote según la orden de Melquizedec	Gn 14:18	He 6:20
8. Un Rey también	Gn 14:18	He 7:2
9. La última cena presagiada	Gn 14:18	Mt 26:26–29
10. Simiente de Isaac	Gn 17:19	Ro 9:7
11. Cordero de Dios prometido	Gn 22:8	Juan 1:29
12. Simiente de Isaac bendecirá a todas las naciones	Gn 22:18	Gá 3:16
13. Redentor de la simiente de Isaac	Gn 26:2–5	He 11:8
14. Tiempo de su aparición	Gn 49:10	Lucas 2:1–7; Gá 4:4
15. Hijo de Judá	Gn 49:10	Lucas 3:33
16. Llamado Silo o "Uno Enviado"	Gn 49:10	Juan 17:3
17. Antes que Judá pierda su identidad	Gn 49:10	Juan 11:47–52
18. Obediencia a él	Gn 49:10	Juan 10:16
19. El gran Yo Soy	Éx 3:1–14	Juan 4:26
20. Un Cordero sin mancha	Éx 12:5	1 P 1:19
21. Sangre del Cordero salva de la ira	Éx 12:13	Ro 5:8
22. Cristo nuestra Pascua	Éx 12:21–27	1 Co 5:7

Profecía	Dada	Cumplida
23. Ni un hueso del Cordero quebrado	Éx 12:46	Juan 19:31–36
24. Exaltación predicha como Yeshua	Éx 15:2	Hch 7:55–56
25. Santidad su carácter	Éx 15:11	Lucas 1:35; Hch 4:27
26. Roca espiritual de Israel	Éx 17:6	1 Co 10:4
27. Misericordioso	Éx 33:19	Lucas 1:72
28. Leproso sanado; señal de sacerdocio	Lv 14:11	Lucas 5:12–14 Mt 8:2
29. Muerte de Cristo; una vez por todos	Lv 16:15–17	He 9:7–14
30. Sufrimiento fuera del campamento	Lv 16:27	Mt 27:33 He 13:11–12
31. Sangre, vida de la carne	Lv 17:11	Mt 26:28 Mr 10:45
32. Sangre hace expiación	Lv 17:11	Juan 3:14–18
33. "El que tenga sed", ofrenda encendida	Lv 23:36–37	Juan 19:31–36
34. Ni un hueso quebrado	Nm 9:12	Juan 19:31–36
35. Cristo levantado en la cruz	Nm 21:9	Juan 3:14–18
36. Tiempo: "lo veré, mas no ahora"	Nm 24:17	Gá 4:4
37. Un profeta vendrá	Dt 18:15	Juan 6:14
38. Si creyeseis a Moisés, me creerías a mí	Dt 18:15–16	Juan 5:45–47
39. Enviado a hablar la palabra del Padre	Dt 18:18	Juan 8:28–29
40. Carguen con el pecado si no escuchan	Dt 18:19	Juan 12:15
41. Maldito; colgado en un madero	Dt 21:23	Gá 3:10–13
42. Cristo nos redime	Rut 4:4–9	Ef 1:3–7
43. Un Rey ungido para el Señor	1 S 2:10	Mt 28:18; Juan 12:15

Profecía	Dada	Cumplida
44. Hijo de David	2 S 7:12	Mt 1:1
45. El Hijo de Dios	2 S 7:14	Lucas 1:32
46. Establecerá la casa de David para siempre	2 S 7:16	Lucas 3:31 Ap 22:16
47. Ascensión en cuerpo al cielo	2 R 2:11	Lucas 24:51
48. Hijo de David	1 Cr 17:11	Mt 1:1; 9:27
49. Reinará en el trono de David para siempre	1 Cr 17:12–13	Lucas 1:32–33
50. "Yo seré a él Padre, y el . . . mi Hijo"	1 Cr 17:13	He 1:5
51. La resurrección predicha	Job 19:23–27	Juan 5:24–29
52. Hecho semejante a los hombres	Job 25:6	Mt 27:30–31
53. Enemistad con reyes predestinada	Sal 2:1–3	Hch 4:25–28
54. Dueño del título "Ungido"	Sal 2:2	Hch 2:36
55. Su carácter: santidad	Sal 2:6	Ap 3:7
56. Dueno del título "Rey"	Sal 2:6	Mt 2:2
57. Declarado el Hijo Amado	Sal 2:7	Mt 3:17
58. La crucifixión y resurrección	Sal 2:7–8	Hch 13:29–33
59. La vida viene por fe en él	Sal 2:12	Juan 20:31
60. En la boca de los niños perfeccionaste su alabanza	Sal 8:2	Mt 21:16
61. Su humillación y exaltación	Sal 8:5–6	Lucas 24:50–53; 1 Co 15:27
62. No vería corrupción	Sal 16:10	Hch 2:31
63. Resucitaría de los muertos	Sal 16:9–11	Juan 20:9
64. La resurrección profetizada	Sal 17:15	Lucas 24:6
65. Abandonado debido a los pecados de otros	Sal 22:1	2 Co 5:21
66. Palabras del Calvario: "Mi Dios . . . "	Sal 22:1	Mr 15:34
67. Oscuridad sobre el Calvario	Sal 22:2	Mt 27:45

Profecía	Dada	Cumplida
68. Menean la cabeza	Sal 22:7	Mt 27:39
69. Confió en Dios, líbrele él	Sal 22:8	Mt 27:43
70. Nacido el Salvador	Sal 22:9	Lucas 2:7
71. Murió de un corazón roto	Sal 22:14	Juan 19:34
72. Sufrió agonía en el Calvario	Sal 22:14–15	Mr 15:34–37
73. Tuvo sed	Sal 22:15	Juan 19:28
74. Horadaron sus manos y pies	Sal 22:16	Juan 19:34,37; 20:27
75. Desnudado ante los hombres	Sal 22:17–18	Lucas 23:34–35
76. Repartieron sus vestidos	Sal 22:18	Juan 19:23–24
77. Se encomendó a Dios	Sal 20:20–21	Lucas 23:46
78. Satanás hiere el talón del Redentor	Sal 22:20–21	He 2:14
79. Su resurrección declarada	Sal 22:22	Juan 20:17
80. El Gobernador de las naciones	Sal 22:27–28	Col 1:16
81. "Consumado es"	Sal 22:31	Juan 19:30
82. "Yo soy el Buen Pastor"	Sal 23:1	Juan 10:11
83. Su exaltación predicha	Sal 24:3	Hch 1:11; Fil. 2:9
84. Su ascensión	Sal 24:7–10	Juan 7:33
85. Su resurrección predicha	Sal 30:3	Hch 2:32
86. "En tus manos encomiendo mi espíritu"	Sal 31:5	Lucas 23:46
87. Sus conocidos huyeron de él	Sal 31:11	Mr 14:50
88. Consultan para quitarle la vida	Sal 31:13	Juan 11:53
89. Confió en Dios, líbrele él	Sal 31:14–15	Mt 27:43
90. Ni un hueso quebrado	Sal 34:20	Juan 19:31–36
91. Falsos testigos contra él	Sal 35:11	Mt 26:59
92. Fue aborrecido sin causa	Sal 35:19	Juan 15:25
93. Sus amigos se mantuvieron lejos	Sal 38:11	Lucas 23:49
94. El gozo de su resurrección predicha	Sal 40:2–5	Juan 20:20
95. Su deleite, la voluntad del Padre	Sal 40:6–8	Juan 4:34
96. Justicia predicada en Israel	Sal 40:9	Mt 4:17

	Profecía	Dada	Cumplida
97.	Confrontado en el jardín	Sal 40:14	Juan 18:1
98.	Traicionado por un amigo conocido	Sal 41:9	Juan 13:18
99.	Gracia vino de sus labios	Sal 45:2	Lucas 4:22
100.	Suyo el título, Dios o Elohim	Sal 45:6	He 1:8
101.	Ungido por el Espíritu Santo	Sal 45:7	Mt 3:16; He 1:9
102.	Llamado Cristo (Mesías, Ungido)	Sal 45:7–8	Lucas 2:11
103.	Digno de nuestra adoración	Sal 45:11	Mt 2:2
104.	Traicionado por un amigo, no enemigo	Sal 55:12–14	Juan 13:18
105.	El traidor muere sin arrepentirse	Sal 55:15	Mt 27:3–5 Hch 1:16–19
106.	Dar dones a los hombres	Sal 68:18	Ef 4:7–16
107.	Ascendió al cielo	Sal 68:18	Lucas 24:51
108.	Aborrecido sin causa	Sal 69:4	Juan 15:25
109.	Un extraño para sus propios hermanos	Sal 69:8	Lucas 8:20–21
110.	Celoso por la casa de Dios	Sal 69:9	Juan 2:17
111.	La angustia del Mesías ante la cruz	Sal 69:14–20	Mt 26:36–45
112.	"Mi alma está muy triste"	Sal 69:20	Mt 26:38
113.	En su sed le dan vinagre	Sal 69:21	Mt 27:34
114.	El Salvador entregado y golpeado	Sal 69:26	Juan 17:4; 18:11
115.	Grandes personas lo visitarían	Sal 72:10–11	Mt 2:1–11
116.	El grano de trigo cae en la tierra	Sal 72:16	Juan 12:24
117.	Nombre, Yinon, produce descendencia	Sal 72:17	Juan 1:12–13
118.	Todas las naciones en él serán benditas	Sal 72:17	Hch 2:11–12, 41
119.	Enseñaría en parábolas	Sal 78:1–2	Mt 13:34–35
120.	Habló sabiduría con autoridad	Sal 78:2	Mt 7:29

Profecía	Dada	Cumplida
121. De la tribu de Judá	Sal 78:67–68	Lucas 3:33
122. Tendría compasión	Sal 86:15	Mt 9:36
123. Estaban lejos mirando	Sal 88:8	Lucas 23:49
124. Más excelso que los reyes de la tierra	Sal 89:27	Lucas 1:32–33
125. La descendencia de David es para siempre	Sal 89:35–37	Lucas 1:32–33
126. Su carácter: fidelidad	Sal 89:36–37	Ap 1:5
127. Desde la eternidad	Sal 90:2; Mi 5:2	Juan 1:1
128. Identificado como mesiánico	Sal 91:11–12	Lucas 4:10–11
129. Su exaltación profetizada	Sal 97:9	Hch 1:11; Ef. 1:20
130. Su carácter: bondad	Sal 100:5	Mt 19:16–17
131. Sufrimiento, reproche del Calvario	Sal 102:1–11	Juan 19:16–18
132. El Mesías es el Hijo preexistente	Sal 102:25–27	He 1:10–12
133. Ridiculizado	Sal 109:25	Mt 27:39
134. Hijo de David	Sal 110:1	Mt 22:43
135. Ascendió a la derecha del Padre	Sal 110:1	Mr 16:19
136. El hijo de David llamado Señor	Sal 110:1	Mt 22:44–45
137. Sacerdote según el orden de Melquisedec	Sal 110:4	He 6:20
138. Su carácter: compasivo	Sal 112:4	Mt 9:36
139. La resurrección asegurada	Sal 118:17–18	Lucas 24:5–7; 1 Co 15:20
140. Piedra desechada cabeza del ángulo	Sal 118:22–23	Mt 21:42
141. El Bendito presentado en Jerusalén	Sal 118:26	Mt 21:9
142. Vendría mientras el templo estuviera en pie	Sal 118:26	Mt 21:12–15
143. Descendiente de David (fruto de su cuerpo)	Sal 132:11	Lucas 1:32

	Profecía	Dada	Cumplida
144.	La descendencia de David asombra a reyes	Sal 138:1–6	Mt 2:2–6
145.	Ministerio terrenal de Cristo	Sal 147:3,6	Lucas 4:18
146.	Enviará al Espíritu de Dios	Sal 147:18	Juan 16:7
147.	Amigo de los pecadores	Pr 18:24	Mt 11:19
148.	El Dulcísimo y Todo Codiciable	Cnt 5:16	Juan 1:17
149.	Juez entre las naciones	Is 2:4	Lucas 11:22
150.	Hermoso Renuevo y Vid Verdadera	Is 4:2	Juan 15:1
151.	Cuando Isaías vio su gloria	Is 6:1	Juan 12:40–41
152.	Parábolas caen en oídos sordos	Is 6:9–10	Mt 13:13–15
153.	Ciegos a Cristo, sordos a sus palabras	Is 6:9–12	Hch 28:23–29
154.	Nacería de una virgen	Is 7:14	Lucas 1:35
155.	Sería Emanuel, Dios con nosotros	Is. 7:14	Mt 1:18–23
156.	Llamado Emanuel	Is 8:8	Mt 28:20
157.	Piedra de tropiezo, tropezadero para caer	Is 8:14	1 P 2:8
158.	Su ministerio comenzaría en Galilea	Is 9:1–2	Mt 4:12–17
159.	Un niño nacido, humanidad	Is 9:6	Lucas 1:31
160.	Un Hijo nos es dado, deidad	Is 9:6	Lucas 1:32; Juan 1:14; 1 Ti 3:16
161.	Declarado Hijo de Dios con poder	Is 9:6	Ro 1:3–4
162.	Admirable, Peleh	Is 9:6	Lucas 4:22
163.	Consejero, Yaatz	Is 9:6	Mt 13:54
164.	Dios Fuerte, El Gibor	Is 9:6	Mt 11:20
165.	Padre Eterno, Avi Adth	Is 9:6	Juan 8:58
166.	El Príncipe de Paz, Sar Shalom	Is 9:6	Juan 16:33
167.	Establecerá su reino para siempre	Is 9:7	Lucas 1:32–33
168.	Su carácter: justo	Is 9:7	Juan 5:30
169.	Su imperio sin límite, trono, paz	Is 9:7	Lucas 1:32–33

Profecía	Dada	Cumplida
170. Llamado Nazareno	Is 11:1	Mt 2:23
171. Vara del tronco de Isaí, Hijo de Isaí	Is 11:1	Lucas 3:23,32
172. El ungido por el Espíritu	Is11:2	Mt 3:16–17
173. Su carácter: sabiduría	Is 11:2	Juan 4:4–26
174. Su carácter: verdad	Is 11:4	Juan 14:6
175. Los gentiles lo buscan	Is 11:10	Juan 12:18–21
176. Llamado Jesús. Yeshua (salvación)	Is 12:2	Mt 1:21
177. La resurrección predicha	Is 25:8	1 Co 15:54
178. Poder de la resurrección es profetizado	Is 26:19	Juan 11:43–44
179. Piedra preciosa	Is 28:16	Hch 4:11–12
180. Obediencia hipócrita a la Palabra	Is 29:13	Mt 15:7–9
181. Los sabios desconcertados por la Palabra	Is 29:14	1 Co 1:18–31
182. Un refugio, escondedero	Is 32:2	Mt 23:37
183. El vendrá y os salvará	Is 35:4	Mt 1:21
184. Tendrá un ministerio de milagros	Is 35:5	Mt 11:4–6
185. Precedido por un precursor	Is 40:3–4	Juan 1:23
186. "Ved aquí al Dios vuestro"	Is 40:9	Juan 1:36; 19:14
187. Pastor, compasivo, dador de vida	Is 40:11	Juan 10:10–18
188. Fiel, paciente redentor	Is 42:1–4	Mt 12:18–21
189. Manso y humilde	Is 42:2	Mt 11:28–30
190. Trae esperanza al que no la tiene	Is 42:3	Juan 4:1–26
191. Naciones esperarán su ley	Is 42:4	Juan 12:20–26
192. La Luz, salvación de los Gentiles	Is 42:6	Lucas 2:32
193. La suya es una compasión mundial	Is 42:1, 6	Mt 28:19–20
194. Ojos ciegos abiertos	Is 42:7	Juan 9:25–38
195. El es el único Salvador	Is 43:11	Hch 4:12
196. Enviará al Espíritu de Dios	Is 44:3	Juan 16:7, 13
197. El será el Juez	Is 45:23	Juan 5:22; Ro 14:11
198. El primero y el último	Is 48:12	Juan 1:30; Ap 1:8,17
199. Vino como Maestro	Is 48:17	Juan 3:2

Profecía	Dada	Cumplida
200. Llamado desde el vientre	Is 49:1	Mt 1:18
201. Un Siervo desde el vientre	Is 49:5	Lucas 1:31; Fil 2:7
202. Él es salvación para Israel	Is 49:6	Lucas 2:29–32
203. Él es la Luz de los Gentiles	Is 49:6	Hch 13:47
204. Salvación hasta lo último de la tierra	Is 49:6	Hch 15:7–18
205. Abominado de las naciones	Is 49:7	Juan 8:48–49
206. El cielo negro ante su humillación	Is 50:3	Lucas 23:44–45
207. Erudito consejero para los cansados	Is 50:4	Mt 11:28–29
208. Siervo dispuesto a obedecer	Is 50:5	Mt 26:39
209. "Di mi cuerpo a los heridores"	Is 50:6	Mt 27:26
210. Golpeado en las mejillas	Is 50:6	Mt 26:67
211. Lo escupieron	Is 50:6	Mt 27:30
212. Publicó buenas nuevas de paz	Is 52:7	Lucas 4:14–15
213. El Siervo exaltado	Is 52:13	Hch 1:8–11; Ef 1:19–22
214. "He aquí, mi siervo"	Is 52:13	Fil 2:5–8
215. El Siervo terriblemente golpeado	Is 52:14	Lucas 18:31–34; Mt 26:67–68
216. Naciones asombradas por su mensaje	Is 52:15	Ro 15:18–21
217. Su sangre derramada, expiación para todos	Is 52:15	Ap 1:5
218. Su pueblo no le creería	Is 53:1	Juan 12:37–38
219. Creció en una familia pobre	Is 53:2	Lucas 2:7
220. Apariencia como la de un hombre normal	Is 53:2	Fil 2:7–8
221. Despreciado	Is 53:3	Lucas 4:28–29
222. Rechazado	Is 53:3	Mt 27:21–23
223. Gran pesar y dolor	Is 53:3	Lucas 19:41–42
224. Esconden de él su rostro	Is 53:3	Mr 14:50–52

	Profecía	Dada	Cumplida
225.	Tendría un ministerio de sanidad	Is 53:4	Lucas 6:17–19
226.	Llevaría los pecados del mundo	Is 53:4	1 P 2:24
227.	Pensaban que era herido de Dios	Is 53:4	Mt 27:41–43
228.	Lleva el castigo del pecado del hombre	Is 53:5	Lucas 23:33
229.	Paz entre Dios y el hombre	Is 53:5	Col 1:20
230.	Sería azotado	Is 53:5	Mt 27:26
231.	El que carga con los pecados de toda la humanidad	Is 53:6	Gá 1:4
232.	Voluntad de Dios llevar el pecado del hómbre	Is 53:6	1 Juan 4:10
233.	Angustiado y afligido	Is 53:7	Mt 27:27–31
234.	En silencio frente a sus acusadores	Is 53:7	Mt 27:12–14
235.	Cordero de sacrificio	Is 53:7	Juan 1:29
236.	Por cárcel y por juicio	Is 53:8	Mt 26:47–27:31
237.	Sería juzgado	Is 53:8	Juan 18:13–22
238.	Azotado y crucificado	Is 53:8	Mt 27:35
239.	Muere por los pecados del mundo	Is 53:8	1 Juan 2:2
240.	Sepultado en la tumba de un hombre rico	Is 53:9	Mt 27:57
241.	Inocente, nunca hizo maldad	Is 53:9	Mr 15:3
242.	No se halló engaño en su boca	Is 53:9	Juan 18:38
243.	La voluntad de Dios que muriera por el hombre	Is 53:10	Juan 18:11
244.	Ofrenda por el pecado	Is 53:10	Mt 20:28
245.	Resucitado y vive para siempre	Is 53:10	Mr 16:16
246.	Prosperaría	Is 53:10	Juan 17:1–5
247.	Dios satisfecho con su sufrimiento	Is 53:11	Juan 12:27
248.	Siervo de Dios	Is 53:11	Ro 5:18–19
249.	Justificaría al hombre ante Dios	Is 53:11	Ro 5:8–9
250.	Llevará los pecados de toda la humanidad	Is 53:11	He 9:28

	Profecía	Dada	Cumplida
251.	Exaltado por Dios por su sacrificio	Is 53:12	Mt 28:18
252.	Dio su vida para salvar a la humanidad	Is 53:12	Lucas 23:46
253.	Contado con los pecadores	Is 53:12	Lucas 23:32
254.	Llevó el pecado de muchos	Is 53:12	2 Cor 5:21
255.	Ora por los transgresores	Is 53:12	Lucas 23:34
256.	Resucitado por Dios	Is 55:3	Hch 13:34
257.	Un testigo	Is 55:4	Juan 18:37
258.	Habita la eternidad, vive en el corazón	Is 57:15	Ro 10:10
259.	Su ministerio liberta a los cautivos	Is 58:6	Lucas 4:17–18
260.	Vino a traer salvación	Is 59:15–16	Juan 6:40
261.	Intercede entre el hombre y Dios	Is 59:15–16	Mt 10:32
262.	Vino a Sión como Redentor	Is 59:20	Lucas 2:38
263.	El Espíritu de Dios sobre él	Is 61:1–2	Mt 3:16–17
264.	Predicar las buenas nuevas	Is 61:1–2	Lucas 4:17–21
265.	Proveer libertad a los cautivos	Is 61:1–2	Juan 8:31–32
266.	Proclama un periodo de gracia	Is 61:1–2	Juan 5:24
267.	Poder para salvar	Is 61:3	Mt 9:6
268.	Da óleo de gozo en lugar de cenizas	Is 63:1	Juan 17:13
269.	Descendiente de David	Jer 23:5–6	Lucas 3:23–31
270.	El Mesías sería Dios	Jer 23:5–6	Juan 13:13
271.	El Mesías Dios y hombre	Jer 23:5–6	1 Ti 3:16
272.	Nacido de una virgen	Jer 31:22	Mt 1:18–20
273.	El Mesías era el nuevo pacto	Jer 31:31	Mt 26:28
274.	Descendiente de David	Jer 33:14–15	Lucas 3:23–31
275.	Habló palabras de Dios	Ez 2:1	Juan 17:8
276.	Descendiente de David	Ez 17:22–24	Lucas 3:23–31
277.	Con asombro los hombres se maravillan	Ez 32:10	Mr 5:20
278.	Descendiente de David	Ez 34:23–24	Mt 1:1

	Profecía	Dada	Cumplida
279.	Ascendería al cielo	Dn 7:13–14	Hch 1:9–11
280.	Altamente exaltado	Dn 7:13–14	Ef 1:20–22
281.	Su dominio es eterno	Dn 7:13–14	Lucas 1:31–33
282.	Para poner fin a los pecados	Dn 9:24	Gá 1:3–5
283.	Sería santo	Dn 9:24	Lucas 1:35
284.	Orden de restaurar Jerusalén	Dn 9:25	Juan 12:12–13
285.	Quitará la vida al Mesías	Dn 9:26	Mt 27:35
286.	Muere por los pecados del mundo	Dn 9:26	He 2:9
287.	Asesinado antes de la destrucción del templo	Dn 9:26	Mt 27:50–51
288.	Mesías en estado glorificado	Dn 10:5–6	Ap 1:13–16
289.	La personificación del amor	Os 11:4	2 Co 5:14
290.	Derrotaría a la muerte	Os 13:14	1 Co 15:55–57
291.	Su Espíritu derramado	Joel 2:28	Hch 2:17–18
292.	Ofrece salvación a toda la humanidad	Joel 2:32	Ro 10:12–13
293.	Preexistencia de Cristo	Mi 5:2	He 1:8
294.	Nacido en Belén	Mi 5:2	Mt 2:1–2
295.	Siervo de Dios	Mi 5:2	Juan 15:10
296.	Desde la eternidad	Mi 5:2	Juan 8:58
297.	Visitaría el segundo templo	Hag 2:6–9	Lucas 2:27–32
298.	Descendiente de Zorobabel	Hag 2:23	Lucas 3:23–27
299.	Siervo de Dios	Zac 3:8	Juan 17:4
300.	Rey y Sacerdote	Zac 6:12–13	He 8:1
301.	Recibido con gozo en Jerusalén	Zac 9:9	Mt 21:8–10
302.	Contemplado como Rey	Zac 9:9	Juan 12:12–13
303.	El Mesías sería justo	Zac 9:9	Juan 5:30
304.	El Mesías trajo salvación	Zac 9:9	Lucas 19:10
305.	El Mesías sería humilde	Zac 9:9	Mt 11:29
306.	Entró a Jerusalén en un asno	Zac 9:9	Mt 21:6–9

	Profecía	Dada	Cumplida
307.	Piedra angular	Zac 10:4	Ef 2:20
308.	Líderes no aptos en Jerusalén	Zac 11:4–6	Mt 23:1–4
309.	La protección removida en el rechazo	Zac 11:4–6	Lucas 19:41–44
310.	Rechazado a favor de otro rey	Zac 11:4–6	Juan 19:13–15
311.	Ministerio a los pobres	Zac 11:7	Mt 9:35–36
312.	Incredulidad obliga al rechazo	Zac 11:8	Mt 23:13–36
313.	Despreciado y aborrecido	Zac 11:8	Mt 27:20
314.	Deja de ministrar a los que lo rechazan	Zac 11:9	Mt 3:10–11
315.	Protección removida en el rechazo	Zac 11:10–11	Lucas 19:41–44
316.	El Mesías sería Dios	Zac 11:10–11	Juan 14:7
317.	Traicionado por 30 piezas de plata	Zac 11:12–13	Mt 26:14–15
318.	Rechazado	Zac 11:12–13	Mt 26:14–15
319.	Plata echada en la casa del Señor	Zac 11:12–13	Mt 27:3–5
320.	Mesías sería Dios	Zac 11:12–13	Juan 12:45
321.	El cuerpo del Mesías sería traspasado	Zac 12:10	Juan 19:34–37
322.	Mesías Dios y hombre	Zac 12:10	Juan 10:30
323.	El Mesías sería rechazado	Zac 12:10	Juan 1:11
324.	Su voluntad morir por la humanidad	Zac 13:7	Juan 18:11
325.	Una muerte violenta	Zac 13:7	Mt 27:35
326.	Dios y hombre	Zac 13:7	Juan 14:9
327.	Israel dispersado por rechazarlo	Zac 13:7	Mt 26:31–56
328.	Mensajero preparó el camino	Mal 3:1	Mt 11:10
329.	Repentina aparición en el templo	Mal 3:1	Mr 11:15–16
330.	Mensajero del Nuevo Pacto	Mal 3:1	Lucas 4:43
331.	Precursor en el espíritu de Elías	Mal 4:5	Mt 3:1–2
332.	Hará volver muchos a la justicia	Mal 4:6	Lucas 1:16–17

2

DE LA PASCUA A LA CRUZ: 21 REVELACIONES EXCEPCIONALES

Y comenzando desde Moisés, y siguiendo por todos los profetas, les declaraba en todas las Escrituras lo que de él decían.

—LUCAS 24:27

EL REY SALOMÓN, un nombre que es sinónimo de sabiduría, escribió una vez: *"Gloria de Dios es encubrir un asunto; pero honra del rey es escudriñarlo"* (Proverbios 25:2).

La gloria de Dios se encubre a lo largo de su palabra, pero el creyente, como rey, puede ver su gloria revelada buscando cuidadosamente. La palabra de Dios es un tesoro por descubrir. Las verdades profundas no siempre pueden ser extraídas simplemente rascando la superficie.

Cuando se estudia la Biblia con una mente abierta, es realmente una aventura asombrosa el ver todo lo que Dios ha provisto. En todos lados, al parecer, el Padre ha puesto indicadores que apuntan hacia el tesoro más grande, su hijo Jesucristo. Para extraer estas riquezas eternas, al igual que con las joyas terrenales o el oro precioso, se necesita excavar por debajo de la superficie. Es por eso que es tan importante pedirle al Padre que nos dé sabiduría sobrenatural mientras buscamos recursos frescos, inestimables, que dan vida todos los días.

TESOROS DEL ANTIGUO TESTAMENTO

Estoy convencido que es imposible entender verdaderamente las verdades del Nuevo Testamento sin un conocimiento amplio del Antiguo Testamento. Todos los fundamentos para los últimos veintisiete libros de la Biblia se encuentran en los primeros treinta y nueve libros. El Nuevo Testamento es el cumplimiento del Antiguo. Ambos están incompletos el uno sin el otro. El Nuevo Testamento está escondido en el Antiguo, ¡el Antiguo se revela en el Nuevo! Gloria a Dios por el hecho de que tenemos ambos. Y uno de los tesoros más excepcionales en toda la Escritura es el estudio de las fiestas que Dios resumió por medio de las instrucciones que dio a los hijos de Israel:

> *El Nuevo Testamento está escondido en el Antiguo, ¡el Antiguo se revela en el Nuevo!*

> *Porque la ley, teniendo la sombra de los bienes venideros, no la imagen misma de las cosas, nunca puede, por los mismos sacrificios que se ofrecen continuamente cada año, hacer perfectos a los que se acercan. De otra manera cesarían de ofrecerse, pues los que tributan este culto, limpios una vez, no tendrían ya más conciencia de pecado. Pero en estos sacrificios cada año se hace memoria de los pecados; porque la sangre de los toros y de los machos cabríos no puede quitar los pecados. Por lo cual, entrando en el mundo dice: Sacrificio y ofrenda no quisiste; mas me preparaste cuerpo. Holocaustos y expiaciones por el pecado no te agradaron. Entonces dije: He aquí que vengo, oh Dios, para hacer tu voluntad, como en el rollo del libro está escrito de mí. Diciendo primero: Sacrificio y ofrenda y holocaustos y expiaciones por el pecado no quisiste, ni te*

agradaron (las cuales cosas se ofrecen según la ley), y diciendo luego: He aquí que vengo, oh Dios, para hacer tu voluntad; quita lo primero, para establecer esto último. En esa voluntad somos santificados mediante la ofrenda del cuerpo de Jesucristo hecha una vez para siempre. (Hebreos 10:1–10)

Jesús se ofreció a sí mismo como un sacrificio por nuestros pecados "una vez para siempre", para que no tuviéramos que vivir bajo la maldición de la ley. Jesús vino a cumplir el Antiguo Pacto, no a destruirlo. Y como ya mencioné anteriormente, no se puede entender en su totalidad el Nuevo Testamento hasta que se entienda el significado del Antiguo Testamento. ¡Es imposible! Ni tampoco se pueden comprender verdaderamente las profundidades de todo lo que hizo Jesús por nosotros en la cruz hasta que miremos con atención el significado de las fiestas de Israel.

Por lo tanto, creo que existen muchas motivaciones para estudiar las fiestas de Israel. Aquí hay siete razones importantes que me han ayudado grandemente en mi caminar con el Señor:

1. Las fiestas revelan a Jesucristo, una y otra vez.
2. Las fiestas ofrecen verdad actual, la cual usa el Espíritu Santo para reavivarnos.
3. Las fiestas nos ayudan a aprender cómo escuchar la voz del Espíritu Santo. En ellas, escuchamos la voz de Dios. Hay tesoros en las fiestas que lamentablemente han sido ignorados y desatendidos.
4. Las fiestas son una sombra de las cosas que han de venir. Usted puede entender mejor la profecía y estar preparado para lo que viene.
5. Las fiestas están llenas de tipos, símbolos y ejemplos proféticos. Son ejemplos y modelos para que sigamos a Cristo con mayor sabiduría.

6. Las fiestas ofrecen una riqueza de información para nosotros. Sobre estas verdades podemos construir nuestra vida. Aprendemos tanto acerca de la vida, especialmente de la comunión con el Padre y con su Hijo, Jesucristo. Aprendemos más de cómo honrar y seguir la dirección del Espíritu Santo.

7. Las fiestas revelan cosas celestiales, dándonos esperanza eterna.

Lamentablemente, algunas personas se excusan de estudiar las fiestas de Israel y el Antiguo Testamento diciendo: "No entiendo todo el simbolismo y la manera de cómo hacían las cosas en ese entonces. Además, estamos bajo la gracia, no bajo la ley". Jesús dijo claramente que él había venido a cumplir la ley, no a destruirla. Es hora de estudiar estas lecciones vitales enseñadas primero a los hijos de Israel. Sin ellas tenemos un retrato incompleto de lo que Jesucristo hizo en la cruz.

Desde que usted era niño indudablemente habrá escuchado la frase "Una imagen habla más que mil palabras". Esto es muy cierto con las fiestas de Israel. Son ejemplos gráficos perfectos. Desde el tiempo en que fueron dadas a los hijos de Israel, estas leyes eran ayudas visuales siempre presentes o imágenes, por así decirlo, para usar rituales físicos que les ayudaran a entender verdades espirituales y caminar en ellas.

TRES TIEMPOS DE FIESTA, SIETE FIESTAS

Como está escrito en Levítico 23, Dios ordenó a los hijos de Israel que celebraran tres tiempos de fiesta y guardaran convocaciones santas cada año. Las estableció en el calendario judío para que la gente tuviera que viajar a Jerusalén tres veces al año.

Habló Jehová a Moisés, diciendo: Habla a los hijos de Israel y diles: Las fiestas solemnes de Jehová, las cuales proclamaréis como santas convocaciones, serán estas: Seis días se trabajará, mas el séptimo será de reposo, santa convocación; ningún trabajo haréis; día de reposo es de Jehová en dondequiera que habitéis. Estas son las fiestas solemnes de Jehová, las convocaciones santas, a las cuales convocaréis en sus tiempos. (Levítico 23:1–4)

A estos tres tiempos de fiestas se les llamó la fiesta de la Pascua, la fiesta de Pentecostés y la fiesta de los Tabernáculos, que representaban los tres vínculos más importantes entre Dios y sus hijos de pacto. Así como hay tres colores principales en el arco iris, y estos tres se manifiestan en siete matices, lo mismo sucede con las fiestas. Existen tres temporadas de fiesta principales y estas fiestas se dividen en siete fiestas específicas. Y cada una de las siete fiestas contiene una riqueza de información que puede iluminar nuestro entendimiento acerca de Jesucristo y de todo lo que él ha hecho por cada uno de nosotros.

Permítame darle una visión general de cada una. Después en el capítulo 3, continuaré explicando con mayor detalle cada fiesta y el cumplimiento de las mismas.

Tiempo de la Pascua: Fiestas de Pascua, Panes sin Levadura y Primeros Frutos

El propósito de este primer tiempo siempre ha sido el enseñar a los hijos de Israel cómo encontrar y entrar a la verdadera paz de Dios. Este tiempo se llevaba a cabo en el primer mes del calendario judío.

La primera fiesta se encuentra en Levítico 23:5: "*En el mes primero, a los catorce del mes, entre las dos tardes, pascua es de Jehová*". La segunda fiesta está en Levítico 23:6–8:

> *Y a los quince días de este mes, es la fiesta solemne de los panes sin levadura a Jehová; siete días comeréis panes sin levadura. El primer*

día tendréis santa convocación; ningún trabajo de siervos haréis. Y ofreceréis a Jehová siete días ofrenda encendida; el séptimo día será santa convocación; ningún trabajo de siervo haréis.

A la tercera y última fiesta del tiempo de la Pascua se le conoce como el día de la gavilla o de los primeros frutos de la siega:

Y habló Jehová a Moisés diciendo: Habla a los hijos de Israel y diles: Cuando hayáis entrado en la tierra que yo os doy, y seguéis su mies, traeréis al sacerdote una gavilla por primicia de los primeros frutos de vuestra siega. Y el sacerdote mecerá la gavilla delante de Jehová, para que seáis aceptos; el día siguiente del día de reposo la mecerá. Y el día que ofrezcáis la gavilla, ofreceréis un cordero de un año, sin defecto, en holocausto a Jehová. Su ofrenda será dos décimas de efa de flor de harina amasada con aceite, ofrenda encendida a Jehová en olor gratísimo; y su libación será de vino, la cuarta parte de un hin. No comeréis pan, ni grano tostado, ni espiga fresca, hasta este mismo día, hasta que hayáis ofrecido la ofrenda de vuestro Dios; estatuto perpetuo es por vuestras edades en dondequiera que habitéis. (Levítico 23:9–14)

TIEMPO DE PENTECOSTÉS: UNA SOLA REUNIÓN

Este tiempo se llevaba a cabo durante el tercer mes del calendario judío. Después de cruzar el Mar Rojo y ser guiados por la columna de fuego, los hijos de Israel fueron llevados al pie del Monte Sinaí, en donde celebraron la fiesta de Pentecostés y recibieron la Ley.

Y contaréis desde el día que sigue al día de reposo, desde el día en que ofrecisteis la gavilla de la ofrenda mecida; siete semanas cumplidas serán. Hasta el día siguiente del séptimo día de reposo contaréis cincuenta días; entonces ofreceréis el nuevo grano a Jehová. De vuestras habitaciones traeréis dos panes para ofrenda mecida, que serán de dos décimas de efa de flor de harina, cocidos con levadura, como primicias para Jehová. Y ofreceréis con el pan siete corderos de un año, sin defecto, un becerro de la vacada, y dos carneros; serán holocausto a Jehová, con su ofrenda y sus libaciones, ofrenda encendida de olor grato para Jehová. Ofreceréis además un macho cabrío por expiación, y dos corderos de un año en sacrificio de ofrenda de paz. Y el sacerdote los presentará como ofrenda mecida delante de Jehová, con el pan de las primicias y los dos corderos; serán cosa sagrada a Jehová para el sacerdote. Y convocaréis en este mismo día santa convocación; ningún trabajo de siervos haréis, estatuto perpetuo en dondequiera que habitéis por vuestras generaciones. Cuando segareis la mies de vuestra tierra, no segaréis hasta el último rincón de ella, ni espigarás tu siega; para el pobre y para el extranjero la dejarás. Yo Jehová vuestro Dios. (Levítico 23:15–22)

TIEMPO DE LOS TABERNÁCULOS: LA FIESTA DE LAS TROMPETAS, DÍA DE LA EXPIACIÓN, Y FIESTA DE LOS TABERNÁCULOS

Este tercer tiempo de fiesta fue instituido en el séptimo mes del calendario judío. El propósito de este tiempo era enseñar a los hijos de Israel cómo entrar al reposo y a la protección de Dios.

La fiesta de las Trompetas está registrada en Levítico 23:23–25:

Y habló Jehová a Moisés, diciendo: Habla a los hijos de Israel y diles: En el mes séptimo, al primero del mes tendréis día de reposo; una conmemoración al son de trompetas, y una santa convocación. Ningún trabajo de siervos haréis; y ofreceréis ofrenda encendida a Jehová.

El día de la Expiación se detalla en Levítico 23:26–32:

También hablo Jehová a Moisés, diciendo: A los diez días de este mes séptimo será el día de expiación; tendréis santa convocación, y afligiréis vuestras almas, y ofreceréis ofrenda encendida a Jehová. Ningún trabajo haréis en este día; porque es día de expiación, para reconciliaros delante de Jehová vuestro Dios. Porque toda persona que no se afligiere en este mismo día, será cortada de su pueblo. Y cualquiera persona que hiciere trabajo alguno en este día, yo destruiré a tal persona de entre su pueblo. Ningún trabajo haréis; estatuto perpetuo es por vuestras generaciones en dondequiera que habitéis. Día de reposo será a vostros, y afligiréis vuestras almas, comenzando a los nueve días del mes en la tarde; de tarde a tarde guardaréis vuestro reposo.

La fiesta de los Tabernáculos se encuentra en Levítico 23:33–44:

Y habló Jehová a Moisés diciendo: Habla a los hijos de Israel y diles: A los quince días de este mes séptimo, será la fiesta solemne de los tabernáculos a Jehová por siete días. El primer día habrá santa convocación; ningún trabajo de siervos haréis. Siete días ofreceréis ofrenda encendida a Jehová; el octavo día tendréis santa convocación, y ofreceréis ofrenda encendida a Jehová; es fiesta, ningún trabajo de siervos haréis. Estas son las fiestas solemnes de Jehová, a las que convocaréis santas reuniones, para ofrecer ofrenda encendida a Jehová, holocausto y ofrenda, sacrificio y libaciones, cada cosa en su tiempo, además de los días de reposo de Jehová, de vuestros dones, de todos vuestros votos, y de todas vuestras ofrendas voluntarias que acostumbráis dar a Jehová. Pero a los quince días del mes séptimo, cuando hayáis recogido el fruto de la tierra, haréis fiesta a Jehová por siete días; el primer día será de reposo, y el octavo día será también día de reposo. Y tomaréis el primer día ramas con fruto de árbol hermoso, ramas de palmeras, ramas de árboles frondosos, y sauces de los arroyos, y os regocijaréis delante de Jehová vuestro Dios por siete días. Y le haréis fiesta a Jehová por siete días cada año; será estatuto perpetuo por vuestras generaciones; en el mes séptimo la haréis. En tabernáculos habitaréis siete días; todo natural de Israel habitará en tabernáculos, para que sepan vuestros descendientes que en tabernáculos hice yo habitar a los hijos de Israel cuando los saqué de la tierra de Egipto. Yo Jehová vuestro Dios. Así habló Moisés a los hijos de Israel sobre las fiestas solemnes de Jehová.

Cada una de estas fiestas son (y continúan siendo) tiempos extremadamente significativos para los hebreos, ya que estas fiestas enseñaron a los hijos de Israel y a sus descendientes a honrar a Dios por lo que él había hecho en su vida. Más importante, cada fiesta apuntaba al Mesías, describiendo claramente una parte vital de su vida y ministerio.

En Israel, las fiestas eran guardadas. En Cristo, las fiestas fueron cumplidas. En la iglesia, las fiestas se aplican. Debemos aprender a aplicar cada una, y debemos aplicarlas para que podamos tener victoria todos los días.

Durante el tiempo de la Pascua, en la fiesta de la Pascua, el cordero moría para que nosotros pudiéramos recibir salvación. En la fiesta de los panes sin levadura, recibimos liberación del pecado, así que debemos apartarnos de nuestra desobediencia. En la fiesta de los primeros frutos, nos elevamos a una vida nueva, a una nueva creación, dejando atrás las cosas viejas.

Durante la fiesta única del tiempo de Pentecostés, somos investidos con el poder del Espíritu Santo, que es exactamente lo que ocurrió en Hechos 2:1–4, mientras los seguidores de Cristo buscaban el poder y la dirección del Señor durante este tiempo:

Cuando llegó el día de Pentecostés, estaban todos unánimes juntos. Y de repente vino del cielo un estruendo como de un viento recio que soplaba, el cual llenó toda la casa donde estaban sentados; y se les aparecieron lenguas repartidas, como de fuego, asentándose sobre cada uno de ellos. Y fueron todos llenos del Espíritu Santo, y comenzaron a hablar en otras lenguas, según el Espíritu les daba que hablasen.

Durante el tiempo de la fiesta los Tabernáculos, en la fiesta de las trompetas, la reunión de Israel apunta al arrebatamiento de los santos de Dios. Durante el día de la Expiación, Israel fue limpiado, apuntando a la santificación de la iglesia y a la limpieza nacional del pueblo escogido de Dios. Y durante la fiesta de los Tabernáculos, los temas principales son fruto, cosecha y lluvia tardía, apuntando al reinado definitivo de Cristo.

Al igual que las profecías tratadas en el primer capítulo de este libro, estas fiestas fueron dadas específicamente para apuntar a la nación de Israel hacia el tiempo en el que el Mesías vendría a la tierra.

Es interesante darse cuenta que ocho veces en Levítico, mientras Dios daba las siete fiestas, le dijo a Israel que no debían realizar ningún tipo de trabajo durante estos tiempos. Así es también con nosotros hoy en día; para poder entender quiénes somos en Cristo, debemos dejar las obras de la carne:

Y manifiestas son las obras de la carne que son: adulterio, fornicación, inmundicia, lascivia, idolatría, hechicerías, enemistades, pleitos, celos, iras, contiendas, disensiones, herejías, envidias, homicidios, borracheras, orgías y cosas semejantes a estas; acerca de las cuales os amonesto, como ya os lo he dicho antes, que los que practican tales cosas, no heredarán el reino de Dios. (Gálatas 5:19–21)

De acuerdo con Romanos 3:27–28, debemos dejar de enfocarnos en las obras de la ley: *"¿Dónde, pues, está la jactancia? Queda excluida. ¿Por cuál ley? ¿Por la de las obras? No, sino por la ley de la fe. Concluimos, pues, que el hombre es justificado por fe sin las obras de la ley"*. Debemos dejar las obras de la ley y encontrar descanso en Jesús. Recuerde que en Mateo 11:27–30, el Salvador nos llamó a descansar en él para que pudiéramos conocerlo mejor:

> *Todas las cosas me fueron entregadas por mi Padre; y nadie conoce al Hijo, sino el Padre, ni al Padre conoce alguno, sino el Hijo, y aquel a quien el Hijo lo quiera revelar. Venid a mí todos los que estáis trabajados y cargados, y yo os haré descansar. Llevad mi yugo sobre vosotros, y aprended de mí, que soy manso y humilde de corazón; y hallaréis descanso para vuestras almas; porque mi yugo es fácil, y ligera mi carga.*

El maestro dijo a sus seguidores, *"No penséis que he venido para abrogar la ley o los profetas; no he venido para abrogar, sino para cumplir"* (Mateo 5:17). Las sombras contenidas en las fiestas de Israel, revelan verdades eternas, dadas para ayudarnos a honrar a Dios hoy por todo lo que él ha hecho en nuestra vida, al igual que los hijos de Israel fueron enseñados. Aún más importante, las fiestas proveen una comprensión de la vida y ministerio del Salvador, y también señalan todo lo que él hizo para redimirnos del pecado.

Las fiestas tratan con el descanso que recibimos en Cristo Jesús. Es descanso; si usted no está descansando, no puede estar celebrando. Solamente aquellos que saben cómo descansar pueden experimentar la Pascua, los Panes sin levadura, los primeros frutos, Pentecostés, las trompetas, la Expiación y los Tabernáculos.

La Victoria de la Pascua

Enfoquémonos en la fiesta de la Pascua. En el capítulo 3, trataré con mayor profundidad acerca de las otras seis fiestas de Israel.

Al entender la Pascua, su fundamento será fortalecido. Cuando en el futuro vengan a usted las tormentas de la vida, no será sacudido. En esta fiesta está su liberación del pecado y de la enfermedad. Lamentablemente, algunos creyentes aún no han aplicado lo que Dios ha provisto a través de esta fiesta. Mientras la enfermedad esté todavía en el cuerpo, la Pascua no ha sido aplicada completamente. Sin embargo, yo creo que estamos entrando en ella. Estamos a punto de ver la Pascua cumplida completamente. ¡Estamos saliendo de Egipto por completo!

Según el libro de Éxodo, Moisés, quien fue criado en la casa del Faraón, había huido de la ciudad después de haber matado a un egipcio, luego estuvo cuarenta años cuidando ganado en el desierto. Estando allí, Dios se encontró con él y le dio instrucciones de ir a donde estaba el faraón para exigirle la libertad de su pueblo.

¿Recuerdan cómo el faraón ignoró a Moisés y sus continuas peticiones de libertad? Como resultado, Dios desató una serie de diez plagas horribles sobre la nación de Egipto (Éxodo 7–11): sangre, ranas, piojos, moscas, muerte del ganado, úlceras, granizo, langosta, tinieblas, y la muerte de los primogénitos.

Cuando se anunció la última plaga, Dios declaró: *"A la medianoche yo saldré por en medio de Egipto, y morirá todo primogénito en tierra de Egipto"* (Éxodo 11:4–5).

Al mismo tiempo, el Señor dijo a Moisés que estaba a punto de darle a su pueblo un nuevo principio:

Habló Jehová a Moisés y a Arón en la tierra de Egipto, diciendo: Este mes os será principio de los meses; para vosotros será este el primero en los meses del año. Hablad a toda la congregación de Israel, diciendo: En el diez de este mes tómese cada uno un cordero según las familias de los padres, un cordero por familia. Mas si la familia fuere tan pequeña que no baste para comer el cordero, entonces él y su vecino inmediato a su casa tomarán uno según el número de las personas; conforme al comer de cada hombre, haréis la cuenta sobre el cordero. El animal será sin defecto, macho de un año; lo tomaréis de las ovejas o de las cabras. Y lo guardaréis hasta el día catorce de este mes, y lo inmolará toda la congregación del pueblo de Israel entre las dos tardes. Y tomarán de la sangre, y la pondrán en los dos postes y en el dintel de las casas en que lo han de comer. Y aquella noche comerán la carne asada al fuego, y panes sin levadura; con hierbas amargas lo comerán. Ninguna cosa comeréis de él cruda, ni cocida en agua, sino asada al fuego; su cabeza con sus pies y sus entrañas. Ninguna cosa dejaréis de él hasta la mañana; y lo que quedare hasta la mañana, lo quemaréis en el fuego. Y lo comeréis así: ceñidos vuestros lomos, vuestro calzado en vuestros pies, y vuestro bordón en vuestra mano; y lo comeréis apresuradamente; es la Pascua de Jehová. Pues yo pasaré aquella noche por la tierra de Egipto, y heriré a todo primogénito en la tierra de Egipto, así de los hombres como de las bestias; y ejecutaré mis juicios en todos los dioses de Egipto. Yo Jehová. Y la sangre os será por señal en las casas donde vosotros estéis; y veré la sangre y pasaré de vosotros, y no habrá en vosotros plaga de mortandad cuando hiera la tierra de Egipto. Y este día os será en memoria, y lo celebraréis como fiesta solemne para Jehová durante vuestras generaciones; por estatuto perpetuo lo celebréis. (Éxodo 12:1–14)

Fíjese que a los hijos de Israel se les dijo que guardaran el cordero hasta el día catorce del mes y que lo mataran en la noche (versículo 6). Antes de comer, debían *"tomarán de la sangre y la pondrán en los dos postes y en el dintel de las casas"* (versículo 7). Dios les dijo que comieran el cordero, porque *"es la Pascua de Jehová"* (versículo 11).

¿Por qué era tan importante el derramamiento de sangre, comerse el cordero y la aplicación de la sangre en los dos postes y en el dintel de las casas? Explicaré la respuesta a esta pregunta a lo largo de este capítulo. La respuesta es que, en la última noche, Dios dijo que pasaría por la tierra de Egipto y heriría a todo primogénito en la tierra de Egipto (versículo 12). La sangre derramada del cordero se volvió su salvación.

La Pascua, o la palabra en Hebreo *pesach* quiere decir pasar por encima de, protección y liberación, y viene de las instrucciones explícitas dadas por Dios a Moisés la noche en la que el ángel de la muerte no pasó por esas casas marcadas con la sangre. La fiesta de la Pascua celebra esta milagrosa historia.

Las 21 Revelaciones de la Cruz

Cuando Dios dio las instrucciones a Moisés, y cuando Moisés, a su vez, repitió estas instrucciones a los hijos de Israel, el evangelio de Jesucristo fue predicado. La sangre en los postes y en el dintel trajo seguridad y mucho más. Así que, no es mera coincidencia que estas palabras inspiradas por el Espíritu Santo fueron dadas en 1 Corintios 5:7: *"porque nuestra pascua, que es Cristo, ya fue sacrificado por nosotros"*. ¡Él es su Pascua! ¡Él es su *Pesach*, su Protección, su Libertador!

Lo que él hizo en la cruz fue el cumplimiento de la palabra dada por Moisés a los hijos de Israel. Mientras estudiamos la fiesta de la Pascua, es vital que entendamos lo que realmente ocurrió en la cruz por medio de estas veintiún revelaciones.

1. La Cruz da inicio a nuestra vida.

Éxodo 12:1–2 explica: *"Habló Jehová a Moisés y a Arón en la tierra de Egipto, diciendo: Este mes os será principio de los meses; para vosotros será éste el primero en los meses del año"*. Mientras Dios daba instrucciones para la fiesta de la Pascua, también predijo otro cambio de fecha venidero.

La Cruz siempre da inicio a un nuevo principio. La Cruz siempre cambia el calendario. La Cruz borra el pasado. A causa de la Cruz *"De modo que si alguno está en Cristo, nueva criatura es; las cosas viejas pasaron; he aquí todas son hechas nuevas"* (2 Corintios 5:17). ¡La primera revelación de la Cruz es suficiente para hacerlo libre! Algunos todavía luchan con esto; no han entendido. Todavía se condenan a sí mismos por los pecados de ayer, pero *"ninguna condenación hay para los que están en Cristo Jesús, los que no andan conforme a la carne sino conforme al Espíritu"* (Romanos 8:1).

La Cruz siempre da inicio a un nuevo principio.

No debemos insultar a Dios. La Cruz borró su ayer, puesto que cambió su calendario para siempre. Ciertamente lo que Jesús hizo en la Cruz cambió el calendario de la humanidad, pero la Palabra pone muy en claro que Cristo fue a la Cruz para realizar un cambio en la vida de cada creyente también.

¡El calendario de usted ha cambiado! Usted ya no se pertenece a sí mismo; le pertenece a Jesús. Usted le pertenecía al diablo, pero ahora le pertenece a Jesús, el Príncipe de Vida. Por eso Satanás odia la obra de la Cruz y del nuevo nacimiento que se hace posible a través de lo que sucedió en el Calvario. Por eso le sigue recordando su pasado. Por eso el enemigo de nuestra alma nos arroja en la cara todo lo que hemos hecho. Con Dios no hay pasado. ¡Y si el diablo le recuerda su pasado, usted recuérdele su futuro!

Así como con la Pascua se cambió el calendario, con el nuevo nacimiento por medio de *"el Cordero de Dios que quita el pecado del mundo"* (Juan 1:29), también cambió, el calendario cambió. Este es un nuevo día de libertad y liberación. Las cosas viejas se han ido, han quedado borradas y olvidadas. ¡Cuando usted acepta la obra del Calvario, se convierte en una nueva creación! Es una vida nueva. Será el principio de meses para usted. Ahora depende de usted vivirlo.

2. Fue decretado que el Cordero de la Pascua muriera en el tiempo asignado.

Durante la fiesta de la Pascua, se le dieron a Israel instrucciones específicas:

> *Hablad a toda la congregación de Israel, diciendo: En el diez de este mes tómese cada uno un cordero según las familias de los padres, un cordero por familia. Mas si la familia fuere tan pequeña que no baste para comer el cordero, entonces él y su vecino inmediato a su casa tomarán uno según el número de las personas; conforme al comer de cada hombre, haréis la cuenta sobre el cordero. El animal será sin defecto, macho de un año; lo tomaréis de las ovejas o de las cabras. Y lo guardaréis hasta el día catorce de este mes, y lo inmolará toda la congregación del pueblo de Israel entre las dos tardes.* (Éxodo 12:3–6)

Dios dijo a los hijos de Israel que tomaran un cordero en el décimo día y que lo guardaran hasta el día catorce. Dios le dijo a la nación judía que no tocaran o mataran al cordero de la pascua hasta el dia catorce. Era un tiempo exacto de preparación para la muerte. Esto se cumplió en Cristo Jesús completamente.

¡No es mera coincidencia que el Cordero de Dios entrara a

Jerusalén en el décimo día del mes y que fuera inmolado en el día catorce! Ese es un hecho histórico confirmado por la Escritura.

Tampoco es coincidencia que el tiempo desde el primer Adán hasta el segundo Adán, el Cordero de Dios, hubo cuatro mil años de preparación. Esos son cuatro días, según 2 Pedro 3:8: *"Mas, oh amados, no ignoréis esto: que para el Señor un día es como mil años, y mil años como un día"*.

El salmista apunta a esta verdad también, en el Salmo 90:4: *"Porque mil años delante de tus ojos son como el día de ayer, que pasó, y como una noche de las vigilias de la noche"*.

¡Que revelación tan gloriosa! El marco de tiempo desde Adán hasta Cristo fueron cuatro mil años. Como Dios no está limitado por el tiempo y nada le toma por sorpresa, y como es omnisciente, él sabía que el hombre iba a necesitar un Salvador. Decretó que su Hijo iba a ser el Cordero de Dios que sería inmolado por los pecados de la humanidad. Jesús fue guardado por cuatro mil años, así como Dios dijo a Moisés que se asegurara de que los hijos de Israel guardaran al cordero de la Pascua por cuatro días.

La Escritura continúa diciendo esto acerca del tiempo de morir el Cordero:

> *Sabiendo que fuisteis rescatados de vuestra vana manera de vivir, la cual recibisteis de vuestros padres, no con cosas corruptibles, como oro o plata, sino con la sangre preciosa de Cristo, como de un cordero sin mancha y sin contaminación, ya destinado desde antes de la fundación del mundo, pero manifiesto en los postreros tiempos por amor de vosotros.* (1 Pedro 1:18–20)

No sólo fue el Señor Jesús guardado por cuatro mil años, sino que entró a Jerusalén para el cumplimiento de Éxodo 12:3–6, que leímos anteriormente. Tan precisa es la profecía de que Jesús entró a Jerusalén en el décimo día del primer mes, llegando el día que ahora llamamos

Domingo de Ramos. Mientras entraba a la ciudad, fue recibido por una muchedumbre de gente que clamaba: "¡Hosanna!, ¡Rey de reyes!" Después de su triunfal entrada a Jerusalén, pasó un día. Pasaron dos días. Pasaron tres días. En el cuarto día, que tuvo que ser miércoles, no viernes, como creen algunos, fue a la Cruz. No murió en viernes. Esto se encuentra respaldado en las fiestas de Israel, porque en cada Pascua Judía se guardaban dos sábados. El sábado alto se guardaba (y aún se guarda) el día que llamamos miércoles. El sábado normal se guardaba (y todavía se guarda) el día que llamamos sábado.

Jesús murió el sábado alto. Recuerde, entró a Jerusalén el domingo, o el primer día de la semana. Estuvo en Jerusalén cuatro días antes de ser crucificado. Eso fue el miércoles, en el sábado de la Pascua, que también era el catorceavo día del primer mes del calendario judío.

Aquí estaba el Mesías, cumpliendo la más detallada de las profecías, sin embargo los hijos de Israel no pudieron verlo. No podían entender cuando lo vieron entrar a la Ciudad Antigua, tendiendo ramas en el camino y la gente clamando, "¡Hosanna al Rey!" Ciertamente no pudieron verlo cuatro días después cuando él fue a la cruz.

Dos mil años más tarde tenemos la ventaja de saber lo que pasó. Podemos leer la Escritura y ver cuan excepcionalmente el Cordero de Dios cumplió la profecía tan detalladamente. Esto debe fortalecer nuestra fe si estamos dispuestos a excavar más hondo y enfocarnos en los tesoros eternos que están bajo la superficie.

Vivimos en un tiempo en el que las respuestas del mundo se están quedando cortas, en el que los fundamentos están siendo sacudidos. Qué bueno sería que Dios levantara un ejército de creyentes alrededor del mundo que se pararan en el fundamento firme de fe para entregar el poder salvador y sanador del evangelio de Jesucristo.

Yo ruego que estas revelaciones del Cordero de Dios le ayuden a ganar multitud de personas para el Señor en los días por venir. ¡Que su cosecha de almas sea mayor de lo que usted haya imaginado! Que gane a hombres y mujeres que se han burlado de usted por su fe. Yo estoy seguro que usted alcanzará a gente que ha dicho: "Nosotros no queremos nada con Dios". Escribo estas palabras en fe porque creo que usted va a ser una voz de certeza en una era de creciente incertidumbre. Cristo ha cumplido cada profecía, y usted puede dirigir a las personas a Cristo nuestro Cordero Pascual con absoluta confianza.

3. Cristo fue el Cordero de Dios sin mancha.

Dios ordenó a los hijos de Israel acerca de la pureza del cordero que sería sacrificado en la Pascua: *"El animal será sin defecto, macho de un año; lo tomaréis de las ovejas o de las cabras"* (Éxodo 12:5).

No podía haber mancha ni contaminación. ¡Nada! El proceso de inspección, desde la primera Pascua, era extremadamente exhaustivo para garantizar un cordero que cumplía as normas más estrictas puestas por Dios.

El Cordero de Dios, sin duda, cumplió todo criterio. El Cordero de Dios es perfecto. No tiene mancha. Es santo y justo. *"Sabiendo que fuisteis rescatados de vuestra vana manera de vivir, la cual recibisteis de vuestros padres, no con cosas corruptibles, como oro o plata, sino con la sangre preciosa de Cristo, como de un cordero sin mancha y sin contaminación"* (1 Pedro 1:18–19). De hecho, si usted mira atentamente las Escrituras, verá que antes de clamar: *"Dios mío, Dios mío, ¿por qué me has desamparado?"* (Marcos 15:34), Jesucristo pasó por siete inspecciones:

• **Pilato** inspeccionó a Jesús, y en Juan 19:4 leemos, *"Entonces Pilato salió otra vez, y les dijo: Mirad, os traigo fuera, para que entendáis que ningún delito hallo en él"*. ¡Ningún delito!

• **El rey Herodes** inspeccionó al Salvador. Jesús, por el propio reconocimiento del Rey Herodes de la inocencia de Cristo, no hizo nada digno de muerte. Lucas 23:13–15 describe detalladamente el relato de Pilato del resultado del escrutinio del rey:

> Entonces Pilato, convocando a los principales sacerdotes, a los gobernantes, y al pueblo, les dijo: Me habéis presentado a éste como un hombre que perturba al pueblo; pero habiéndole interrogado yo delante de vosotros, no he hallado en este hombre delito alguno de aquellos de que le acusáis. Y ni aun Herodes, porque os remití a él; y he aquí, nada digno de muerte ha hecho este hombre.

• **Anás,** suegro del sumo sacerdote, inspeccionó a Jesús. Anás, obviamente no encontró culpa, ya que mandó a Jesús con su yerno. La inspección se encuentra en Juan 18:12–14, 24:

> Entonces, la compañía de soldados, el tribuno y los alguaciles de los judíos, prendieron a Jesús y le ataron, y le levaron primeramente a Anás; porque era suegro de Caifás, que era sumo sacerdote aquel año. Era Caifás el que había dado el consejo a los judíos, de que convenía que un solo hombre muriese por el pueblo . . . Anás entonces le envió atado a Caifás, el sumo sacerdote.

• **Caifás,** el sumo sacerdote, inspeccionó a Jesús, como lo refleja Juan 18. Una vez más, ninguna culpa pudo ser puesta en el Cordero de Dios.

• **Judas** inspeccionó al Salvador. Pasó alrededor de tres años con el Hijo de Dios y lo traicionó por treinta piezas de plata. Lamentó esa acción más tarde, tratando de deshacer su traición. Arrojando el dinero al suelo, el traidor de traidores clamó, *"Yo he pecado entregando sangre inocente"* (Mateo 27:4).

• **El centurión** inspeccionó al maestro. El capitán de los soldados romanos, cuando todo terminó, dio el resultado más asombroso de lo que vio en la crucifixión: *"El centurión, y los que estaban con él guardando a Jesús, visto el terremoto, y las cosas que habían sido hechas, temieron en gran manera, y dijeron: Verdaderamente éste era Hijo de Dios"* (Mateo 27:54). Un conocido teólogo, escribe acerca de la exclamación del centurión "El mejor de sus discípulos no pudo haber dicho más en ningún momento, y en este momento no tenían la fe ni la valentía suficientes para decir tanto".

• **El ladrón** colgado al lado de Jesús inspeccionó con atención al Cordero de Dios durante las últimas horas de Cristo en la cruz, y este criminal común dijo una confesión poderosa que lo impulsó hacia una eternidad con el Salvador:

> *Respondiendo el otro, le reprendió, diciendo: ¿Ni aun temes tú a Dios, estando en la misma condenación?" Nosotros, a la verdad, justamente padecemos, porque recibimos lo que merecieron nuestros hechos; mas este ningún mal hizo. Y dijo a Jesús: Acuérdate de mi cuando vengas en tu reino.* (Lucas 23:40–42)

Siete inspecciones fueron y vinieron. Siete confesiones apuntaron al irrefutable hecho de que nadie podía encontrar culpa alguna en él. Como fue declarado por el ladrón, la culpa está en cada uno de nosotros. Nosotros somos los culpables.

Gracias a Dios que siete, al igual que con las confesiones e inspecciones, es también el número bíblico que representa salvación. Como él era (y es) inocente, sin mancha ni contaminación, el Cordero de Dios puede buscar y salvar a un mundo perdido lleno de ovejas manchadas, contaminadas, llenas de culpabilidad y perdidas. Podemos ser salvos por medio del Inocente, *"Al que no conoció pecado, por nosotros lo hizo pecado, para que nosotros fuésemos hechos justicia de Dios en él"* (2 Corintios 5:21).

4. Cristo, el Cordero primogénito, fue en realidad el segundo que nació.

Me referí a Éxodo 12:5 en las revelaciones pasadas. Permítame regresar allí nuevamente: *"El animal será sin defecto, macho de un año; lo tomaréis de las ovejas o de las cabras"*. Primer año se refiere al primogénito. La herencia, en la Escritura y en la mayoría de las culturas, le pertenece primeramente o totalmente al primogénito masculino.

Jesús fue el primogénito de María. Sin embargo, es importante darse cuenta que toda descripción del Mesías dada en la Biblia se refería al segundo hombre, no al primer hombre, el nacido segundo, no al primogénito. Este tema, cuando vemos en las Escrituras, nos muestra como Adán fue hecho a un lado por el segundo Adán, Jesucristo. Caín fue hecho a un lado por Abel. Ismael fue hecho a un lado por Isaac. Esaú fue hecho a un lado por Jacob. En cada ejemplo, el primogénito era de la carne; el segundo fue hecho primogénito por el espíritu. Sólo importa el orden espiritual del nacimiento.

El significado de primogénito para Dios no es el mismo significado que para los humanos. Primogénito no es lo que nosotros como seres humanos entendemos, porque nosotros solamente vemos en la carne; sin embargo, Dios solamente ve lo que es del espíritu. Para nosotros, nacemos. Para él, nacemos de nuevo. Para usted, no importa cuando nació, puede ser primogénito en el Espíritu.

Eso es lo que me sucedió a mí. Yo era el segundo de mis padres, pero fui el primer miembro de mi familia en aceptar a Jesucristo como mi Salvador. Finalmente toda mi familia vino a Cristo, y cada uno pudo reclamar la herencia de Cristo, sin importar el orden en el que se volvieron creyentes. Sus padres pueden verlo a usted como el número dos o cinco o siete en la carne, sin embargo por la obra del Calvario, el Espíritu Santo lo mira a usted como primogénito en el espíritu. A pesar del orden natural de su nacimiento, por la Cruz usted puede participar en la herencia del Cordero de Dios. A usted pertenecen la herencia y las promesas.

5. La justicia vino por medio de uno, el Hombre llamado Jesucristo.

Las profecías y revelaciones acerca de la cruz fueron cumplidas hasta el último detalle. Otra vez en Éxodo 12:5, no cabe duda que el Cordero de la Pascua debe de ser masculino: *"El animal será sin defecto, macho de un año; lo tomaréis de las ovejas o de las cabras"*.

Romanos 5:12 apunta al cumplimiento en la cruz: *"Por tanto, como el pecado entró en el mundo por un hombre, y por el pecado la muerte, así la muerte pasó a todos los hombres, por cuanto todos pecaron"*.

Romanos 5:17–19 resuena ese asombroso cumplimiento:

> *Pues si por la transgresión de uno solo reinó la muerte, mucho más reinarán en vida por uno solo, Jesucristo, los que reciben la abundancia de la gracia y del don de justicia. Así que, como por la trasgresión de uno vino la condenación a todos los hombres, de la misma manera por la justicia de uno vino a todos los hombres la justificación de vida. Porque así como por la desobediencia de un hombre los muchos fueron constituidos pecadores, así también por la obediencia de uno, los muchos serán constituidos justos.*

Cristo es ese "un hombre", él es el primogénito. Cristo Jesús cumplió cada profecía, incluyendo cada versículo de Éxodo 12 en el que Dios dio las instrucciones de la Pascua a los hijos de Israel.

6. Un cordero de Pascua era ofrecido por cada casa.

Éxodo 12:3–4 apunta a un principio asombroso predicho durante la Pascua, y después cumplido por medio del Cordero de Dios:

*Hablad a toda la congregación de Israel, diciendo: En el diez de este
mes tómese cada uno un cordero según las familias de los padres, un
cordero por familia. Mas si la familia fuere tan pequeña que no
baste para comer el cordero, entonces él y su vecino inmediato a su
casa tomarán uno según el número de las personas; conforme al
comer de cada hombre, haréis la cuenta sobre el cordero.*

La intención de Dios, desde la primera Pascua, era un cordero sacrificado por cada casa. La sangre derramada era para cubrir a cada
persona de la casa. No sólo era el padre, sino los padres. No solamente
era la madre, sino las madres. La protección incluía tíos, tías y primos.

Desde luego, cada persona de la casa tenía el libre albedrío de
escoger quedarse dentro de la casa que estaba protegida por la sangre,
al igual que cada individuo en una casa tiene libre albedrío para decidir
si acepta a Jesucristo como Salvador. Sin embargo, es el deseo de Dios
proteger a la casa entera. Y este principio no comenzó con la Pascua.
Aún en Génesis 7:1 la Biblia declara, *"Dijo luego Jehová a Noé: Entra
tu y toda tu casa en el arca; porque a ti he visto justo delante de mí en esta
generación"*.

En Josué 24:15, leemos:

*Y si mal os parece servir a Jehová, escogeos hoy a quien sirváis; si a
los dioses a quienes sirvieron vuestros padres, cuando estuvieron al
otro lado del río, o a los dioses de los amorreos en cuya tierra
habitáis; pero yo y mi casa serviremos a Jehová.*

Hechos 16:14–15 comparte la historia de Lidia, una nueva creyente
en Jesús:

*Entonces una mujer llamada Lidia, vendedora de púrpura, de la
ciudad de Tiatira, que adoraba a Dios, estaba oyendo; y el Señor*

abrió el corazón de ella para que estuviese atenta a lo que Pablo decía. Y cuando fue bautizada, y su familia, nos rogó diciendo: Si habéis juzgado que yo sea fiel al Señor, entrad en mi casa, y posad. Y nos obligó a quedarnos.

Registrado más adelante en ese mismo capítulo, el carcelero de Filipo, no sólo se volvió creyente, sino que también fue testigo del milagro de la salvación de toda una casa:

Señores, ¿qué debo hacer para ser salvo? Ellos dijeron: Cree en el Señor Jesucristo, y serás salvo, tú y tu casa. Y le hablaron la palabra del Señor a él y a todos los que estaban en su casa. Y él, tomándolos en aquella misma hora de la noche, les lavó las heridas; y en seguida se bautizó él con todos los suyos. Y llevándolos a su casa, les puso la mesa; y se regocijó con toda su casa de haber creído a Dios (Hechos 16:30–34).

Hechos 18:8 comparte un acontecimiento parecido: "Y Crispo, el principal de la sinagoga, creyó en el Señor con toda su casa; y muchos de los corintios, oyendo, creían y eran bautizados".

A causa del principio de un cordero por casa, usted tiene el derecho legal de reclamar a cada miembro de su familia para Cristo. La promesa es suya. Hay un paraguas de gracia sobre usted y sobre su casa.

Cuando usted se convierte, aquellos más cercanos a usted no pueden evitar ver el cambio que empieza a ocurrir sobrenaturalmente. Pueden huir del Señor. Pueden burlarse de su palabra. Pero serán ganados para Jesucristo a causa de la gracia de Dios que reposa sobre su casa por medio de la sangre del Cordero.

¿Cómo lo sé? Yo creo en esta revelación con todo mi corazón porque la he experimentado. Después de que yo acepté a Jesucristo en mi vida, Dios empezó a moverse en mi familia. Primero vino mi hermana, después dos hermanos. Luego mi madre y padre nacieron de nuevo y más tarde la familia entera. ¡Aleluya por esa maravillosa promesa y provisión que fue revelada a través de la Pascua y cumplida en la Cruz!

7. *Jesús, como el cordero de la Pascua, fue asesinado entre las dos tardes.*

La Éxodo 12:6 dice: *"Y lo guardaréis hasta el día catorce de este mes, y lo inmolará toda la congregación del pueblo de Israel entre las dos tardes"*.

¡Ahora, no es increíble, cuando uno excava profundamente dentro los tesoros de la Biblia, uno encuentra que el Cordero de Dios murió entre las dos tardes?

Observe en Marcos 15:33, que nos ayuda a entender lo que sucedió: *"Cuando vino la hora sexta, hubo tinieblas sobre toda la tierra hasta la hora novena"*. Él fue clavado en el árbol del Calvario a las nueve de la mañana. A las doce del día, a lo que los judíos se referían como la sexta hora, algo extraño sucedió. Tinieblas cubrieron la tierra y esto continuó hasta las tres de la tarde, o la hora novena, la hora en la que nuestro maestro murió.

El cumplió literalmente la profecía de Éxodo 12:5 y murió entre la primera y la segunda tarde, o tinieblas, pues después de su muerte, el sol salió otra vez, y después el sol se volvió a ocultar a la hora normal.

Lo que me asombra es que los fariseos que estaban allí parados conocían la ley perfectamente. ¿Cómo pudieron ver una tarde ir y venir en tres horas, después otra tarde presentarse tres horas después, y aún escoger cegarse al hecho de que Jesucristo era el Cordero de Dios de la Pascua? Esto demuestra cuan severa era su ceguera. Es por eso que se necesita que el Espíritu Santo revele a Cristo a todos nosotros que estamos cegados por el pecado y la tradición. Es por eso que es un milagro tan grande cuando cada uno de nosotros vemos la necesidad del Salvador y creemos en él.

No somos salvos por medio de nuestro propio entendimiento. Ni somos traídos al reino por medio de algún valor o mérito propio. Es únicamente por medio del poder del Espíritu Santo: *"Y él os dio vida a vosotros, cuando estabais muertos en vuestros delitos y pecados"* (Efesios 2:1).

¡Es muy importante que usted se dé cuenta que su salvación es el milagro más grande! Es más grande que resucitar a los muertos, más grande que hacer que el sol se quede quieto, y más grande que sanar a los leprosos. La salvación de usted es el milagro más grande de la vida, puesto que fue dado por Dios el Padre en cumplimiento de toda la Escritura, hasta la más pequeña profecía y promesa.

A causa del milagro de la salvación, usted ya no tiene que vivir en oscuridad espiritual. Usted ya no está sujeto a Satanás. Su nombre ya no se encuentra en la lista de los condenados, sino que ahora está escrito en el Libro de la Vida del Cordero. Cuando usted fue salvo, con el girar de su mano, Dios alejó a todo demonio para que usted pudiera ver la luz. De hecho, su salvación fue un milagro más grande que la resurrección de Lázaro. Fue un milagro más grande que cuando Josué le pidió a Dios que detuviera el sol. Su salvación, sólo la de usted, es más grande que todos los milagros en la Biblia. ¡A Jesús sea la gloria y el honor!

No somos salvos por medio de nuestro propio entendimiento. Ni somos traídos al reino por medio de algún valor o mérito propio. Es unicamente por medio del Espíritu Santo.

8. Toda la congregación mataba al cordero de la Pascua.

Lo leemos en Éxodo 12:6: *"Y lo guardaréis hasta el día catorce de este mes, y lo inmolará toda la congregación del pueblo de Israel entre las dos tardes".* Cuando se reunían en la Pascua, el cordero era inmolado por cada casa en Israel. Les fue dicho a los hijos de Israel que conmemoraran esa acción en cada fiesta de Pascua.

Mateo 27:24–25 contiene estas sorprendentes palabras:

> *Viendo Pilato que nada adelantaba, sino que se hacía más alboroto, tomó agua y se lavó las manos delante del pueblo, diciendo: Inocente soy yo de la sangre de este justo; allá vosotros. Y respondiendo todo el pueblo, dijo: Su sangre sea sobre nosotros, y sobre nuestros hijos.*

Aquellas palabras fueron proféticas en dos maneras. Primero, por rechazar a Cristo, la nación de Israel ha sufrido insoportablemente durante los últimos veinte siglos. ¿Quién puede contradecir eso? Sin embargo, otro lado de aquellas palabras proféticas significa que su preciosa sangre reposa sobre ellos y sus descendientes. La sangre de Jesús permanece sobre el pueblo judío. Un día muy pronto, su sangre salvará a toda la casa de Israel:

> *Por lo cual, este es el pacto que haré con la casa de Israel después de aquellos días, dice el Señor: Pondré mis leyes en la mente de ellos, y sobre su corazón las escribiré; Y seré a ellos por Dios, y ellos me serán a mi por pueblo. Y ninguno enseñará a su prójimo, ni ninguno a su hermano diciendo: Conoce al Señor; porque todos me conocerán, desde el menor hasta el mayor de ellos. Porque seré propicio a sus injusticias, y nunca más me acordaré de sus pecados y de sus iniquidades.* (Hebreos 8:10–12)

No puedo esperar el día en el que el gran movimiento del Espíritu Santo sople sobre toda la tierra de Israel. Cuando esto suceda, ¿puede imaginarse la celebración que estallará en el cielo? Dios ama a su pueblo escogido más de lo que nosotros sabemos. El día llegará cuando venga el más grande movimiento de Dios en Israel. Yo creo que vamos a estar viendo desde el cielo.

9. La sangre se aplicaba en el dintel y en los dos postes.

Éxodo 12:7 describe detalladamente lo que los hijos de Israel debían hacer con la sangre derramada: *"Y tomarán de la sangre, y la pondrán en los dos postes y en el dintel de las casas en que lo han de comer"*. Más adelante en ese mismo capítulo, Moisés da instrucciones aún más detalladas:

> *Y tomad un manojo de hisopo, y mojadlo en la sangre que estará en un lebrillo, y untad el dintel y los dos postes con la sangre que estará en el lebrillo; y ninguno de vosotros salga de las puertas de su casa hasta la mañana. Porque Jehová pasará hiriendo a los egipcios; y cuando vea la sangre en el dintel y en los dos postes, pasará Jehová aquella puerta, y no dejará entrar al heridor en vuestras casas para herir.* (Éxodo 12:22–23)

La puerta y los dinteles son un retrato perfecto de la cruz:

> *Tomaron, pues, a Jesús, y le llevaron. Y él, cargando su cruz, salió al lugar llamado de la Calavera, y en hebreo, Gólgota; y allí le crucificaron.* (Juan 19:16–18)

Agregue Hebreos 9:8–14 a los pasajes anteriores:

> *Dando el Espíritu Santo a entender con esto, que aún no se había manifestado el camino al Lugar Santísimo, entre tanto que la primera parte del tabernáculo estuviese en pie. Lo cual es símbolo para el tiempo presente, según el cual se presentan ofrendas y sacrificios que no pueden hacer perfecto, en cuanto a la conciencia, al que practica ese culto, ya que consiste sólo de comidas y bebidas, de diversas ablu-*

ciones, y ordenanzas acerca de la carne, impuestas hasta el tiempo de reformar las cosas. Pero estando ya presente Cristo, sumo sacerdote de los bienes venideros, por el más amplio y más perfecto tabernáculo, no hecho de manos, es decir, no de esta creación, y no por sangre de machos cabríos ni de becerros, sino por su propia sangre, entró una vez para siempre en el Lugar Santísimo, habiendo obtenido eterna redención. Porque si la sangre de los toros y de los machos cabríos, y las cenizas de la becerra rociadas a los inmundos, santifican para la purificación de la carne, ¿cuánto más la sangre de Cristo, el cual mediante el Espíritu eterno se ofreció a sí mismo sin mancha a Dios, limpiará vuestras conciencias de obras muertas para que sirváis al Dios vivo?

Como puede ver, la comunión no es meramente una tradición que los cristianos añaden sin importancia al final de un culto. Es importante saber que nosotros comemos el pan y bebemos la sangre para recordarlo a él, todo lo que él ha hecho y todo lo que él desea hacer a través de nosotros.

¡Las promesas de Éxodo le pertenecen a usted, amado creyente! Las provisiones del Antiguo y Nuevo Pactos son suyas. Jesús es el Cordero de Dios, sin embargo, también es la puerta rociada con sangre. Las marcas de la cruz seguían estando en sus manos, pies y costado cuando se levantó de los muertos y nos harán recordar por toda la eternidad lo que hizo:

Ocho días después, estaban otra vez sus discípulos dentro, y con ellos Tomás. Llegó Jesús, estando las puertas cerradas, y se puso en medio y les dijo: Paz a vosotros. Luego dijo a Tomás: Pon aquí tu dedo, y mira mis manos; y acerca tu mano, y métela en mi costado; y no seas incrédulo, sino creyente. Entonces Tomás respondió y le dijo: ¡Señor mío, y Dios mío! (Juan 20:26–28)

Qué bueno sería que pudiéramos darnos cuenta, junto con Tomás, que las manos, pies y cuerpo del Cristo crucificado fueron ofrecidos como un sacrificio para que cayéramos postrados a sus pies y dijéramos: "Señor mío, y Dios mío".

En el momento en que usted aplica la sangre de Jesús sobre usted y su familia, las plagas no pueden venir. El destructor no lo puede tocar. Con la sangre de Jesús viene protección y poder. Con la sangre rociada libremente viene esperanza, fe, amor y fuerza para servirle diariamente. Sólo la sangre de Jesús puede salvarlo, sanarlo y guardarlo. ¡Qué revelación, pues abarca los siglos!

10. El cordero de la Pascua tenía que comerse apresuradamente.

Éxodo 12:8–11 declara:

> Y aquella noche comerán la carne asada al fuego, y panes sin levadura; con hierbas amargas lo comerán. Ninguna cosa comeréis de él cruda, ni cocida en agua, sino asada al fuego; su cabeza con sus pies y sus entrañas. Ninguna cosa dejaréis de él hasta la mañana; y lo que quedare hasta la mañana, lo quemaréis en el fuego. Y lo comeréis así: ceñidos vuestros lomos, vuestro calzado en vuestros pies, y vuestro bordón en vuestra mano; y lo comeréis apresuradamente; es la Pascua de Jehová.

Cuando entendamos este pasaje, entenderemos la comunión (también conocido como La Cena del Señor). Mire en Mateo 26:26–28:

> Y mientras comían, tomó Jesús el pan, y bendijo, y lo partió, y dio a sus discípulos, y dijo: Tomad, comed; esto es mi cuerpo. Y tomando la copa, y habiendo dado gracias, les dio, diciendo: Bebed de ella todos; porque esto es mi sangre del nuevo pacto, que por muchos es derramada pera remisión de los pecados.

Veamos dos cosas que se incluyen en estos pasajes:

• **La cena se comía apresuradamente.** No había necesidad de permanecer en Egipto cuando recibieron libertad. Egipto, hoy en día, es un país maravilloso, por supuesto, lleno de creyentes que están difundiendo el evangelio por toda la nación. Durante el tiempo de liberación para los hijos de Israel, sin embargo, Egipto representaba servidumbre y esclavitud, y todavía es un símbolo espiritual de lo mismo. Egipto, en aquel entonces, estaba lleno de dioses que oprimían a las personas. La autoridad egipcia mantenía a los hijos de Israel alejados de la dirección de Dios. Así que cuando llegó el tiempo de partir, comer apresuradamente marcaba la diferencia entre la vida y la muerte, quedarse o marcharse, esclavitud y libertad. Debemos aprender esta lección básica en vez de aferrarnos a la vida que nos mantenía atados al pecado. ¡Cuando sea el momento de irse, váyase!

Esa es la razón por la cual el Señor nos ordenó ser bautizados, lo cual es nuestra confesión pública de que hemos muerto a este mundo, y permitir que el Espíritu Santo nos levante a una nueva vida en Jesucristo.

Como estoy tratando este tema, permítame mencionar por qué algunas veces hay preguntas acerca de la fiesta de la Pascua y de la fiesta de Panes sin Levadura y por qué a menudo se usan intercambiablemente. Para empezar, están en el mismo tiempo de la Pascua. Aún más, la fiesta de los Panes sin Levadura mencionada en Éxodo 12:11 fue cumplida cuando Dios ordenó a Israel que comieran y se fueran apresuradamente. Durante el éxodo de Egipto, el pueblo comió el cordero, aplicaron la sangre y después salieron de Egipto, cumpliendo la fiesta de los Panes sin Levadura mientras se iban. Piense en ello: aplicaron la sangre, el ángel de la muerte pasó, comieron el cordero y antes de que pudieran cocinar y comer el pan que tenían que comerse al mismo tiempo, Dios dijo: "¡Váyanse!". Los hijos de Israel se fueron de Egipto con la masa aún fresca y sin cocinar. La razón por la cual hoy muchos creyentes no tienen poder y están derrotados es porque sencillamente se niegan a salir de Egipto apresuradamente.

Es tiempo de darse cuenta que todos los beneficios de la salvación pueden ser nuestros si dejamos de quedarnos rezagados en Egipto. No hay tiempo para quedarnos en el mundo, no importa lo atractivo que sea.

• **Durante la fiesta de la Pascua, se consumían tres cosas.** Los israelitas comieron el cuerpo del cordero que esa asado al fuego, después el pan sin levadura y las hierbas amargas. En la comunión, comemos el pan y bebemos de la copa. En el estudio de la fiesta de los Panes sin Levadura (capítulo 3), trataré con más profundidad esta enseñanza y compartiré cómo las hierbas amargas, las cuales representan el sufrimiento de Cristo, son parte de la comunión.

11. Al igual que con la Pascua y los hijos de Israel, el Cordero de Dios nos permite pasar de muerte a vida.

Permítame invitarlo a leer Éxodo 12:11–13 con ojos nuevos:

> Y lo comeréis así; ceñidos vuestros lomos, vuestro calzado en vuestros pies y vuestro bordón en vuestra mano; y lo comeréis apresuradamente; es la Pascua de Jehová. Pues yo pasaré aquella noche por la tierra de Egipto, y heriré a todo primogénito en la tierra de Egipto, así de los hombres como de las bestias; y ejecutaré mis juicios en todos los dioses de Egipto. Yo, Jehová. Y la sangre os será por señal en las casas donde vosotros estéis; y veré la sangre y pasaré de vosotros, y no habrá en vosotros plaga de mortandad cuando hiera la tierra de Egipto.

Ahora mire en Romanos 3:24–25:

> Siendo justificados gratuitamente por su gracia, mediante la redención que es en Cristo Jesús, a quien Dios puso como propiciación

por medio de la fe en su sangre, para manifestar su justicia, a causa de haber pasado por alto, en su paciencia, los pecados pasados.

A causa de la sangre del cordero, los hijos de Israel pasaron de la muerte a la vida, de las tinieblas a la luz.

A causa de la sangre del cordero, los hijos de Israel pasaron de la muerte a la vida, de las tinieblas a la luz. A causa de la sangre del Cordero, los creyentes hoy también pasan de la muerte a la vida. Puede haber juicio alrededor de usted, pero en el momento en que usted experimenta la salvación a través de la cruz, la sangre del Cordero cubre su vida. Usted ya no está más bajo juicio. Usted está bajo la gracia por la obra de sustitución de Cristo Jesús. A causa de la cruz, usted ya no pertenece más al dominio de Satanás.

Existe un coro antiguo que contiene las siguientes palabras:

Este mundo no es mi hogar; Solamente estoy de paso.
Mis tesoros están arriba más allá del cielo azul.
Los ángeles me llaman desde la puerta del cielo,
Y ya no puedo sentirme en casa en este mundo.

¡Hoy más que nunca suenan más ciertas estas palabras! El cielo lo ha escogido a usted, así que usted no puede vivir su vida como si aún fuera parte de este mundo. Mientras usted sigue a Jesús, se sorprenderá de lo que sucede en el espíritu. Usted comienza a despreciar las cosas del mundo y lo que representan. En el momento que usted experimenta al Salvador en su corazón, este mundo ya no es su hogar. Usted ha pasado de muerte a vida. Su hogar ahora es el cielo. Y el cielo se volverá más dulce y más tentador cuanto sirva al maestro.

12. La Pascua, al igual que la comunión, es un recordatorio.

Éxodo 12:14 relata el significado de la Pascua: "Y este día será en memoria, y lo celebraréis como fiesta solemne para Jehová durante vuestras generaciones; por estatuto perpetuo lo celebraréis".

Mateo 26:26–28 comparte un recordatorio aún más importante:

> Y mientras comían, tomó Jesús el pan, y bendijo, y lo partió, y dio a sus discípulos, y dijo: Tomad, comed; esto es mi cuerpo. Y tomando la copa, y habiendo dado gracias, les dio, diciendo: Bebed de ella todos; porque esto es mi sangre del nuevo pacto, que por muchos es derramada para remisión de los pecados.

De igual forma, el recordatorio se expresa en Lucas 22:19–20:

> Y tomó el pan y dio gracias, y lo partió y les dio, diciendo: Esto es mi cuerpo, que por vosotros es dado; haced esto en memoria de mí. De igual manera, después que hubo cenado, tomó la copa diciendo: Esta copa es el nuevo pacto en mi sangre; que por vosotros se derrama.

Dios dijo a Moisés que el observar la Pascua iba a ser un recordatorio. La comunión, de igual manera, es un recordatorio de la obra de la cruz. Aún más importante, tomamos del Cordero, Cristo Jesús, y mientras lo hacemos, recibimos salud mientras celebramos la comunión. Pues la comunión no sólo es el recuerdo de la cruz, sino que es la comunión de Cristo con su iglesia. ¡Experimentamos unión en la comunión!

13. La Pascua, como la comunión, es dada para las generaciones venideras.

También en Éxodo 12:14, nos dice que la Pascua debe guardarse por todas las generaciones. Primera de Corintios 11:26 ilumina la necesidad de continuar esta observancia hasta que Jesucristo regrese por su iglesia: *"Así, pues, todas las veces que comiereis de este pan, y bebiereis esta copa, la muerte del Señor anunciáis hasta que él venga"*.

14. Ni un solo hueso fue quebrado.

Según Éxodo 12:46, se dieron direcciones explícitas acerca de los cuidados del cordero de la Pascua: *"Se comerá en una casa, y no llevarás de aquella carne fuera de ella, ni quebraréis hueso suyo"*. ¿No es asombroso cuan precisas fueron esas instrucciones, especialmente a la luz de lo que le sucedió al Cordero de Dios en la cruz del Calvario?

David, con visión que pudo haber venido sólo por medio de inspiración del Espíritu Santo, escribió estas palabras mil años antes de que Cristo viniera a la tierra: *"El guarda todos sus huesos, ni uno de ellos será quebrantado"* (Salmo 34:20).

Juan 19:33 explica con exactitud lo que ocurrió en la cruz: *"Mas cuando llegaron a Jesús, como le vieron ya muerto, no le quebraron las piernas"*.

El Cordero que se ofrecía debia ser sin contaminación y perfecto, lo que significaba que sus piernas no podían ser quebradas. Lo más asombroso es que Cristo murió en la cruz antes de que los soldados romanos tuvieran la oportunidad de quebrar sus piernas y provocar una asfixia casi inmediata y la muerte. Tradicionalmente, eso era lo que hacían los soldados durante de la crucifixión.

Gracias a Dios por el Cordero de Dios que se ofreció a sí mismo maltratado, magullado, ensangrentado, pero sin ningún hueso quebrado—como un perfecto rescate por el pecado de la humanidad. ¡Que revelación tan asombrosa!

15. Únicamente en la casa que estaba bajo la protección de la sangre había seguridad.

Éxodo 12:22–24 apunta a la seguridad que sólo venía si las personas se quedaban en el lugar correcto:

> *Y tomad un manojo de hisopo, y mojadlo en la sangre que estará en un lebrillo, y untad el dintel y los dos postes con la sangre que estará en el lebrillo; y ninguno de vosotros salga de las puertas de su casa hasta la mañana. Porque Jehová pasará hiriendo a los egipcios; y cuando vea la sangre en el dintel y en los dos postes, pasará Jehová aquella puerta, y no dejará entrar al heridor en vuestras casas para herir. Guardaréis esto por estatuto para vosotros y para vuestros hijos para siempre.*

El hisopo es una planta que todavía crece por todo el Medio Oriente y en la palabra de Dios es simbólico de fe y pureza. David oró a Dios, *"Purifícame con hisopo, y seré limpio; lávame y seré más blanco que la nieve"* (Salmo 51:7). A Los hijos de Israel se les ordenó tomar una rama de hisopo, y por fe, aplicar la sangre en el dintel y en los dos postes de sus casas.

Así que también hoy nuestra protección como creyentes se encuentra solamente bajo la sangre, por fe, porque únicamente bajo la preciosa sangre de Cristo Jesús somos liberados y puestos a salvo del enemigo. Hebreos 9:14-15 declara que a causa de la sangre y la obra de la cruz, nosotros que somos llamados, recibiremos la promesa de la herencia eterna que incluye nuestra protección.

16. Durante la Pascua y a causa de la cruz, el enemigo de los hijos de Dios está despojado.

Algo extraordinario sucedió en Egipto la noche de la Pascua.
En Éxodo 12:31–36 dice:

> *E hizo llamar a Moisés y a Aarón de noche, y les dijo: Salid de en medio de mi pueblo vosotros y los hijos de Israel, e id, servid a*

Jehová, como habéis dicho. Tomad también vuestras ovejas y vuestras vacas, como habéis dicho, e idos; y bendecidme también a mí. Y los egipcios apremiaban al pueblo, dándose prisa a echarlos de la tierra; porque decían: Todos somos muertos. Y llevó el pueblo su masa antes que se leudase, sus masas envueltas en sus sábanas sobre sus hombros. E hicieron los hijos de Israel conforme al mandamiento de Moisés, pidiendo de los egipcios alhajas de plata, y de oro, y vestidos. Y Jehová dio gracias al pueblo delante de los egipcios, y les dieron cuanto pedían; así despojaron a los egipcios.

¡El enemigo quedó despojado! Así fue que Cristo despojó a los principados y a las potestades en su triunfo en la cruz. Observe lo que escribió al apóstol Pablo en Colosenses 2:10, 15: "*Y vosotros estáis completos en él, que es la cabeza de todo principado y potestad....Y despojando a los principados y a las potestades, los exhibió públicamente, triunfando sobre ellos en la cruz*".

Porque Cristo despojó al enemigo de nuestra alma, nosotros somos partícipes de estos despojos y de su victoria:

Y os restituiré los años que comió la oruga, el saltón, el revoltón y la langosta, mi gran ejército que envié contra vosotros. Comeréis hasta saciaros, y alabaréis el nombre de Jehová vuestro Dios, el cual hizo maravillas con vosotros; y nunca jamás será mi pueblo avergonzado. (Joel 2:25–26)

17. Tanto la Pascua como la obra de la cruz proveen una convocación santa, o un reposo sobrenatural.

Éxodo 12:16 proclama: "*El primer día habrá santa convocación, y asimismo en el séptimo día tendréis una santa convocación; ninguna obra se hará en ellos, excepto solamente que preparéis lo que cada cual haya de comer*".

Más adelante en ese mismo capítulo de Éxodo están estas palabras: *"Y cuando entréis en la tierra que Jehová os dará, como prometió, guardaréis este rito"* (12:25).

Guardando el tiempo de la Pascua, se les ordenó a los hijos de Israel que comenzaran y terminaran la fiesta con reposo, y que continuaran guardando el reposo en la Tierra Prometida.

Una promesa parecida aparece en Hebreos 4:1: *"Temamos, pues, no sea que permaneciendo aún la promesa de entrar en su reposo, alguno de vosotros parezca no haberlo alcanzado"*. El reposo fue ofrecido a los creyentes, pero también se les dio un aviso. Se nos ordena buscar reposo sobrenatural en el Cordero de Dios, pero sólo por medio de fe y obediencia podemos recibirlo.

Así que Hebreos 4:1 declara que debemos experimentar el reposo de Dios a causa de la cruz. La obra del Calvario nos trae a nuestro Sabat. Cesamos de nuestro trabajo y reposamos en él. Recuerde, en la cruz, Jesús nuestro Redentor dijo, *"Consumado es"* (Juan 19:30).

La obra de la cruz está terminada, pero la fe en la obra del Cordero siempre debe de ir creciendo: *"Por tanto, queda un reposo para el pueblo de Dios"* (Hebreos 4:9).

18. La sangre jamás perderá su poder.

Como acabamos de mencionar en Éxodo 12:25, Dios ordenó a Israel que guardara la Pascua continuamente y que aplicara la sangre aún después de haber entrado a la Tierra Prometida. Y para nosotros es igual. La sangre de Jesús debe ser aplicada continuamente en nuestra vida. Nuestra redención es un diario morir a nosotros mismos y al mundo, al igual que una limpieza diaria en su preciosa sangre: *"Pero si andamos en luz, como él está en la luz, tenemos comunión unos con otros, y la sangre de Jesucristo su Hijo nos limpia de todo pecado"* (1 Juan 1:7).

Zacarías 9:11 nos dice: *"Y tú también por la sangre de tu pacto serás salva; yo he sacado tus presos de la cisterna en que no hay agua"*.

Y solamente por la sangre somos liberados de la prisión del pecado y de la muerte. ¡Aleluya! De verdad la sangre jamás perderá su poder.

19. Ningún extraño podía celebrar las victorias de liberación, ni podía participar del Cordero.

Éxodo 12:43 declara: *"Y Jehová dijo a Moisés y a Aarón: Esta es la ordenanza de la pascua; ningún extraño comerá de ella"*.

Primera de Corintios 10:21 explica: *"No podéis beber la copa del Señor, y la copa de los demonios; no podéis participar de la mesa del Señor, y de la mesa de los demonios"*. Es por eso que se nos ordena no tener comunión con personas no creyentes, sino *"salid de en medio de ellos, y apartaos, dice el Señor, y no toquéis lo inmundo, y yo os recibiré"* (2 Corintios 6:17). Los enemigos del evangelio no tienen derecho a la mesa del Señor. Sólo aquellos redimidos y lavados por su sangre tienen ese honor y privilegio.

20. La Pascua, al igual que la cruz, proveía salvación y sanidad.

En el Salmo 105:36–37, David narra lo que sucedió a causa de la Pascua: *"Hirió de muerte a todos los primogénitos en su tierra, las primicias de toda su fuerza. Los sacó con plata y oro; y no hubo en sus tribus enfermo"*.

Ahora veamos en 2 Crónicas 30:

> *Y se reunió en Jerusalén mucha gente para celebrar la fiesta solemne de los panes sin levadura en el mes segundo, una vasta reunión...Entonces sacrificaron la pascua, a los catorce días del mes segundo; y los sacerdotes y los levitas llenos de vergüenza se santificaron, y trajeron los holocaustos a la casa de Jehová. Y tomaron su*

lugar en los turnos de costumbre, conforme a la ley de Moisés varón de Dios; y los sacerdotes esparcían la sangre que recibían de manos de los levitas Porque una gran multitud del pueblo de Efraín y Manasés y de Isacar y Zabulón, no se habían purificado, y comieron la pascua no conforme a lo que está escrito. Mas Ezequías oró por ellos, diciendo: Jehová, que es bueno, sea propicio a todo aquel que ha preparado su corazón para buscar a Dios, a Jehová el Dios de sus padres, aunque no esté purificado según los ritos de purificación del santuario. Y oyó Jehová a Ezequías, y sanó al pueblo. (versículos 13, 15, 16, 18–20)

La palabra de Dios enseña claramente que hay sanidad en la expiación, porque cada vez que vemos la cruz, recibimos sanidad para nuestros cuerpos. Isaías 53:4-5 nos dice:

Ciertamente llevó él nuestras enfermedades, y sufrió nuestros dolores; y nosotros le tuvimos por azotado, por herido de Dios y abatido. Mas él herido fue por nuestras rebeliones, molido por nuestros pecados; el castigo de nuestra paz fue sobre él, y por su llaga fuimos nosotros curados.

Primera de Pedro 2:24 dice: *"Quien llevó el mismo nuestros pecados en su cuerpo sobre el madero, para que nosotros, estando muertos a los pecados, vivamos a la justicia; y por cuya herida fuisteis sanados".*

Así que clame los beneficios de la cruz el día de hoy ¡pues por su herida fue usted sanado! ¡La sanidad es suya hoy!

21. La Pascua trajo alabanza.

La palabra de Dios dice en Éxodo 15 que después de que Israel celebró la Pascua y cruzó el Mar Rojo, alabaron a Dios y cantaron:

Entonces cantó Moisés y los hijos de Israel este cántico de Jehová, y dijeron: Cantaré a Jehová, porque se ha magnificado grandemente; ha echado en el mar al caballo y al jinete. Jehová es mi fortaleza y mi cántico, y ha sido mi salvación. Este es mi Dios, y lo alabaré; Dios de mi padre, y lo enalteceré. Jehová es varón de guerra; Jehová es su nombre. (Éxodo 15:1–3)

Nuestra salvación es la razón de nuestra alabanza. El salmista nos dice:

Sacó a su pueblo con gozo; con júbilo a sus escogidos. Les dio las tierras de las naciones, y las labores de los pueblos heredaron; para que guardasen sus estatutos, y cumpliesen sus leyes. Aleluya. (Salmo 105:43–45)

Una Nota Final

¡Las fiestas fueron guardadas en Israel, cumplidas en Cristo y aplicadas en cada creyente! Así que nosotros debemos aplicarlas.

¡Qué maravilloso es el Salvador al que servimos! Y cada revelación de la cruz provee tesoros inimaginables. Él conocía a cada uno de nosotros desde el principio del tiempo, dio su vida como recompensa por muchos, resucitó de la tumba victorioso y ahora está preparando un glorioso lugar en el cielo para usted y para mí.

3

EL CORDERO DE DIOS: 7 FIESTAS DE ISRAEL

Así que, arrepentíos y convertíos, para que sean borrados vuestros pecados; para que vengan de la presencia del Señor tiempos de refrigerio, y él envíe a Jesucristo, que os fue antes anunciado; a quien de cierto es necesario que el cielo reciba hasta los tiempos de la restauración de todas las cosas, de que habló Dios por boca de sus santos profetas que han sido desde tiempo antiguo.

—HECHOS 3:19–21

OMO PARTE DEL ÉXODO DE EGIPTO, registrado en Éxodo 12, Dios instituyó siete fiestas. En Levítico 23, Dios además dio instrucciones a los hijos de Israel que tuvieran siete convocaciones santas cada año, celebradas durante tres tiempos de fiesta.

Como estudiamos anteriormente, las fiestas caen dentro de tres grupos. Las tres primeras fiestas—la Pascua, los Panes sin levadura y Primeros frutos—ocurren en sucesión rápida en la primavera del año en un período de ocho días. Referida colectivamente como "Pascua", su propósito era enseñar a los hijos de Israel cómo encontrar y entrar en el reposo de Dios.

La cuarta, la fiesta de las Semanas, ocurría cincuenta días más tarde al principio del verano. En los tiempos del Nuevo Testamento esta fiesta era conocida por su nombre griego, Pentecostés, una palabra que quiere decir "cincuenta".

Las últimas tres convocatorias, la fiesta de Trompetas, el día de Expiación y la fiesta de Tabernáculos se extienden a lo largo de un periodo de veintiún días en el otoño. Son conocidas colectivamente como "Los Tabernáculos".

Cada una de estas fiestas era extremadamente significativa para Israel, y honraban a Dios por lo que él había hecho. Sin embargo, es importante recordar que cada fiesta apunta hacia el Hijo de Dios.

> *Las fiestas eran guardadas en Israel, cumplidas en Cristo, y aplicados en cada creyente.*

Las fiestas eran guardadas en Israel, cumplidas en Cristo, y aplicadas en cada creyente. Las fiestas de la Pascua, los Panes sin levadura, las Primicias y Pentecostés fueron cumplidas en Cristo. La de las Trompetas está a punto de ser cumplida en Cristo en la Segunda Venida. La de Expiación será cumplida en Cristo cuando todo Israel será salvo. La de los Tabernáculos será cumplida en el milenio de Cristo cuando habite entre su pueblo.

Como creyente, la Pascua es su salvación, los Panes sin levadura son su liberación del pecado, las Primicias son su nueva vida en Cristo, y Pentecostés es el cumplimiento del bautizo del Espíritu Santo. Todos estamos esperando las Trompetas cuando todo esto corruptible se vista de incorruptible. La fiesta de la Expiación es su santificación y perfeccionamiento. Los Tabernáculos serán cuando reinemos con él durante mil años en la tierra.

En el capítulo 2 hicimos un estudio muy profundo de la Pascua muy profundo. Este capítulo irá rápido a lo largo de estas seis fiestas, excavando profundamente dentro de los tesoros eternos de Dios que son especialmente vitales para los creyentes hoy.

LA FIESTA DE LOS PANES SIN LEVADURA

Continuemos estudiando el tiempo de la Pascua, enfocándonos ahora en la segunda fiesta. En Éxodo 12:15–17, Dios le dio a Moisés instrucciones específicas acerca de esta fiesta:

> *Siete días comeréis panes sin levadura; y así el primer día haréis que no haya levadura en vuestras casas; porque cualquiera que comiere leudado desde el primer día hasta el séptimo, será cortado de Israel. El primer día habrá santa convocación, y asimismo en el séptimo día tendréis una santa convocación; ninguna obra se hará en ellos, excepto solamente que preparéis lo que cada cual haya de comer. Y guardaréis la fiesta de los panes sin levadura, porque en este mismo día saqué vuestras huestes de la tierra de Egipto; por tanto, guardaréis este mandamiento en vuestras generaciones por costumbre perpetua.*

En la noche de la Pascua, los hijos de Israel recibieron instrucciones de matar el cordero que había sido elegido en el décimo día del primer mes. Ese cordero se mantenía fuera de la casa durante cuatro días, después lo mataban en el catorceavo día. Los israelitas empezaban a comer pan sin levadura mientras la sangre era aplicada sobre las puertas.

Por siete días, desde el día catorce hasta el día veintiuno, el pueblo judío limpiaba sus casas de toda levadura. Esto es extremadamente importante, ya que la levadura (también llamada "fermento") es símbolo del pecado. Dios ordenó a Israel que eliminara la levadura.

Y así Jesús nuestro maestro, por medio de su sangre derramada en el Calvario, destruyó el poder del pecado. Murió para quitar la levadura espiritual. Destruyó el pecado en el momento en el que su sangre fue derramada. Lo destruyó por el poder de su sangre. Nosotros como creyentes podemos experimentar una vida sin levadura. El pecado no debe tener poder sobre usted. Somos libres porque la sangre ha sido derramada.

En el momento en que usted viene a la cruz, legalmente recibe poder sobre el pecado. Romanos 6:10–13 lo dice:

> *Porque en cuanto murió, al pecado murió una vez por todas; mas en cuanto vive, para Dios vive. Así también vosotros consideraos muertos al pecado, pero vivos para Dios en Cristo Jesús, Señor nuestro. No reine, pues, el pecado en vuestro cuerpo mortal, de modo que lo obedezcáis en sus concupiscencias; ni tampoco presentéis vuestros miembros al pecado como instrumento de iniquidad, sino presentaos vosotros mismos a Dios como vivos de entre los muertos, y vuestros miembros a Dios como instrumentos de justicia.*

Porque somos libres, se nos ordena que no dejemos entrar levadura en nuestras vidas. El apóstol Pablo nos dice:

> *¿No sabéis que un poco de levadura leuda toda la masa? Limpiaos, pues, de la vieja levadura, para que seáis nueva masa, sin levadura como sois; porque nuestra pascua, que es Cristo, ya fue sacrificado por nosotros. Así que celebremos la fiesta, no con la vieja levadura, ni con la levadura de malicia y de maldad, sino con panes sin levadura, de sinceridad y de verdad.* (1 Corintios 5:6–8)

Tenemos que decidir si dejamos o no entrar levadura a nuestras vidas. El pecado ha sido destruido, pero nosotros tenemos la llave. No debemos permitir que el pecado tenga dominio sobre nuestras vidas. Y mientras que vivimos esta vida en victoria, se nos recuerda que cuando Israel participó de la Pascua, comieron el cordero, derramaron y aplicaron su sangre, comieron del pan sin levadura, y entonces fueron sanados. Así es con nosotros. Al participar de Cristo, somos limpiados por su sangre y dejamos el pecado atrás; nosotros también somos sanados.

¿Sabe usted cuál es una de las razones por las que muchas personas no son sanadas? Mire en Éxodo 12:8 en donde vemos estás instrucciones gloriosas: "*Y aquélla noche comerán la carne asada al fuego, y panes sin levadura; con hierbas amargas lo comerán*".

La sanidad ocurría cuando los hijos de Israel comían el cordero, después de aplicar la sangre, y después de que comían el pan sin levadura con hierbas amargas. El pan sin levadura traía sanidad cuando se comía propiamente con el cordero y las hierbas. Muy a menudo, sin embargo, queremos experimentar salvación por medio del Cordero, pero no queremos morir al pecado, pues el morir al pecado es comer del pan sin levadura con hierbas amargas.

Cómo puede Dios sanarnos cuando nos aferramos al pecado, evitando el pan sin levadura y las hierbas amargas?

¿Cómo puede Dios sanarnos cuando nos aferramos al pecado, evitando el pan sin levadura y las hierbas amargas? ¿Cómo puede él tocar nuestros cuerpos y proveer sanidad cuando disfrutamos el pecado? Nos estamos burlando de él.

El pan sin levadura es vital para el entendimiento total del plan de Dios para su pueblo. Debemos continuar participando como un recuerdo de todo lo que Cristo hizo por nosotros en la cruz: "*Y este día os será en memoria, y lo celebraréis como fiesta solemne para Jehová durante vuestras generaciones; por estatuto perpetuo lo celebraréis*" (Éxodo 12:14).

Yo creo que va a llegar el día en el que todos los que participen del Cordero de Dios, del pan sin levadura de justicia y hierbas amargas de muerte a sí mismo serán sanados. ¡Entonces experimentaremos la totalidad de la fiesta de Panes sin levadura y el tiempo de la Pascua!

LA FIESTA DE LAS PRIMICIAS

En Levítico 23:10–12, leemos:

> Habla a los hijos de Israel y diles: Cuando hayáis entrado en la
> tierra que yo os doy, y seguéis su mies, traeréis al sacerdote una
> gavilla por primicia de los primeros frutos de vuestra siega. Y el
> sacerdote mecerá la gavilla delante de Jehová, para que seáis acep-
> tos; el día siguiente del día de reposo la mecerá. Y el día que
> ofrezcáis la gavilla, ofreceréis un cordero de un año, sin defecto, en
> holocausto a Jehová.

Es importante saber que en las Escrituras, una gavilla (manojo) es
simbólico de una persona. Un buen ejemplo es el sueño de José:

> Y soñó José un sueño, y lo contó a sus hermanos; y ellos llegaron a
> aborrecerle más todavía. Y él les dijo: Oíd ahora este sueño que he
> soñado: He aquí que atábamos manojos en medio del campo y he
> aquí que mi manojo se levantaba y estaba derecho, y que vuestros
> manojos estaban alrededor y se inclinaban al mío. Le respondieron
> sus hermanos: ¿Reinarás tú sobre nosotros, o señorearás sobre
> nosotros? Y le aborrecieron aun más a causa de sus sueños y sus
> palabras. (Génesis 37:5–8)

Esto también ayuda a entender mejor el Salmo 126:6: "Irá andando
y llorando el que lleva la preciosa semilla; mas volverá a venir con regocijo,
trayendo sus gavillas".

Cuando el Señor vino a la tierra por primera vez, lo llamaron
Varón de Dolores. El vino llorando y llevando preciosa semilla, predicando la Palabra y llevando nuestros pecados y cargas en la cruz.
Pero en su segunda venida, vendrá acompañado de sus gavillas, de sus
redimidos.

¿Recuerda cómo Dios dijo a los hijos de Israel que cuando vinieran a la Tierra Prometida y segaran su cosecha, tenían que traer una gavilla de sus primeros frutos? Después tenían que dársela al sacerdote, y el día después del Sabat el sacerdote mecería la gavilla delante de Jehová.

¿Qué es la fiesta de los Primeros frutos? Es la resurrección de Jesucristo.

Sabemos esto porque en 1 Corintios 15:20–23, Pablo nos dice:

Mas ahora Cristo ha resucitado de los muertos; primicias de los que durmieron es hecho. Porque cuanto la muerte entró por un hombre, también por un hombre la resurrección de muertos. Porque así como en Adán todos mueren, también en Cristo todos serán vivificados. Pero cada uno en su debido orden: Cristo, las primicias; luego los que son de Cristo, en su venida.

También, Éxodo 23:19 señala una verdad asombrosa con respecto a lo que sucedió después de que la Palabra declara que los primeros frutos debían ser llevados a la casa del Señor: *"Las primicias de los primeros frutos de tu tierra, traerás a la casa de Jehová tu Dios"*. Esto proféticamente reveló que Cristo ascendería al cielo después de su resurrección, y que entraría a la casa de Dios. Es por eso que el libro de Hebreos declara:

Y así dispuestas estas cosas, en la primera parte del tabernáculo entran los sacerdotes continuamente para cumplir los oficios del culto; pero en la segunda parte, sólo el sumo sacerdote una vez al año, no sin sangre, la cual ofrece por sí mismo y por los pecados de ignorancia del pueblo; dando el Espíritu Santo a entender con esto que aún no se había manifestado el camino al Lugar Santísimo, entre tanto que la primera parte del tabernáculo estuviese en pie. (9:6–8)

La Fiesta de Pentecostés

Como recuerda, las tres fiestas de la Pascua, los Panes sin levadura y la de los Primeros frutos, se celebraban durante la misma temporada en el primer mes del calendario judío. Recuerde, la primera temporada de las fiestas de la Pascua empezó durante el Éxodo y continuó hasta que los hijos de Israel llegaron al Mar Rojo. Después de haber cruzado milagrosamente a través de las aguas y haber sido guiados por la columna de fuego en la noche y la nube durante el día, los hijos de Israel fueron llevados al pie del Monte Sinaí. Aquí en el Sinaí, experimentaron la fiesta de las Semanas, o de la Cosecha, también llamada Pentecostés, en el tercer mes.

En el Sinaí, los Diez Mandamientos y la ley fueron dadas por Dios a Moisés y a la nación de Israel. Aquí el Señor dio instrucciones con respecto a la construcción del tabernáculo. Aquí se estableció el sacerdocio aarónico. Aquí fue dado el sistema de sacrificios. Aquí la nación de Israel fue establecida en el desierto como precursora de la iglesia:

> Este los sacó, habiendo hecho prodigios y señales en tierra de Egipto, y en el Mar Rojo, y en el desierto por cuarenta años. Este Moisés es el que dijo a los hijos de Israel: Profeta os levantará el Señor vuestro Dios entre vuestros hermanos, como a mí; a él oiréis. Este es aquel Moisés que estuvo **en la congregación en el desierto** con el ángel que le hablaba en el monte Sinaí, y con nuestros padres, y que recibió palabras de vida que darnos. (Hechos 7:36–38, énfasis añadido)

El nombre griego para esta fiesta, como lo encontramos en Levítico 23:15–16, es Pentecostés, que significa "cincuentavo". Ese pasaje a continuación declara:

> Y contaréis desde el día que sigue hasta el día de reposo, desde el día en que ofrecisteis la gavilla de la ofrenda mecida; siete semanas

*cumplidas serán. Hasta el día siguiente del séptimo día de reposo
contaréis cincuenta días; entonces ofreceréis el nuevo grano a
Jehová.*

Los cincuenta días son muy importantes. Recuerde, el calendario
judío se basa en el ciclo lunar, así es que es diferente de nuestro calendario gregoriano o juliano, ambos basados en los ciclos solares. El calendario judío tiene once días menos que un calendario basado en el ciclo solar.

La Pascua ocurrió en el catorceavo día del primer mes. Israel se fue en el quinceavo día a la media noche. Después de pasar quince días caminando por el yermo, y continuando a través del desierto durante el segundo mes, continuaron por cuatro días más a lo largo del tercer mes antes de llegar al Monte Sinaí:

- 15 días que le quedaban al primer mes, Aviv.

- Más 30 días del segundo mes, Zif.

- Más 4 días antes de Pentecostés del tercer mes, Siván.

- Esto da un total de 49 días, o siete semanas multiplicadas por 7 días cada una.

El número cincuenta representa libertad y liberación. De hecho, cada cincuentavo año en Israel se celebraba un año de Jubileo. Fue establecido por Dios como un tiempo de liberación y libertad. Los esclavos eran liberados. Las deudas eran canceladas. Las familias se volvían a reunir (Levítico 25:10–13, 18–19).

Después de cruzar el Mar Rojo, los hijos de Israel llegaron al Monte Sinaí el primer día del tercer mes. A Moisés se le ordenó que preparara al pueblo, así que los santificó. Después, al día siguiente, cincuenta días después de celebrar la Pascua y salir de Egipto, Moisés subió al monte. Lo que sucedió después, cambió a la nación de Israel para siempre:

EL CORDERO DE DIOS

*Aconteció que al tercer día, cuando vino la mañana, vinieron
truenos y relámpagos, y espesa nube sobre el monte, y sonido de
bocina muy fuerte; se estremeció todo el pueblo que estaba en el
campamento. Y Moisés sacó del campamento al pueblo para recibir
a Dios; y se detuvieron al pie del monte. Todo el monte Sinaí hume-
aba, porque Jehová había descendido sobre él en fuego; y el humo
subía como el humo de un horno; y todo el monte se estremecía en
gran manera. El sonido de la bocina iba aumentando en extremo;
Moisés hablaba, y Dios le respondía con voz tronante. Y descendió
Jehová sobre el monte Sinaí, sobre la cumbre del monte; y llamó
Jehová a Moisés a la cumbre del monte, y Moisés subió.* (Éxodo
19:16–20)

Después el Señor escribió la ley con su dedo y se la dio a Moisés
para proclamarla a los hijos de Israel. Hasta este día, Israel celebra la
fiesta de Pentecostés, también llamada de las Semanas o de la Cosecha,
para conmemorar la entrega de la ley.

El mensaje está muy claro. Jesucristo, el Cordero de Dios resucitado, es la Puerta de salvación rociada con sangre. Usted no puede
entrar en comunión más que por medio de él. Así como los israelitas
caminaron a través del Mar Rojo, los creyentes hoy día pasan por el
bautismo. ¿Y qué viene después del bautismo? ¡Pentecostés!

Así como Jesús fue bautizado y salió del agua, el Espíritu Santo, en
forma de paloma, reposó sobre Jesucristo. Después de la muerte y resurrección del Salvador, los apóstoles y creyentes mencionados en el libro
de Hechos se prepararon durante el tiempo de la fiesta de Pentecostés.
Lo que ocurrió después cambió a la iglesia de Jesucristo para siempre:

*Cuando llegó el día de Pentecostés, estaban todos unánimes juntos.
Y de repente vino del cielo un estruendo como de un viento recio que
soplaba, el cual llenó toda la casa donde estaban sentados; y se les*

*aparecieron lenguas repartidas, como de fuego, asentándose sobre
cada uno de ellos. Y fueron todos llenos del Espíritu Santo, y
comenzaron a hablar en otras lenguas, según el Espíritu les daba
que hablasen.* (Hechos 2:1–4)

En el cincuentavo día después de que el Señor y sus discípulos celebraron la Pascua, los apóstoles celebraron Pentecostés en el Aposento
Alto, y otra vez se vieron señales sobrenaturales, igual que en el primer
Pentecostés cuando Moisés recibió la Ley. Descendió fuego, como en
Éxodo. Y esta vez la ley de Dios fue escrita en los corazones de aquellos que estaban presentes, en lugar de en tablas de piedra. Y después
de que Pedro predicó el evangelio en ese glorioso día, en vez de que
murieran 3.000 personas, como en el caso del primer Pentecostés
(Éxodo 32:28), 3.000 personas nacieron de nuevo asombrosamente:

*Pedro les dijo: Arrepentíos, y bautícese cada uno de vosotros en el
nombre de Jesucristo para perdón de pecados; y recibiréis el don del
Espíritu Santo...Así que, los que recibieron su palabra fueron bautizados; y se añadieron aquel día como tres mil personas.* (Hechos
2:38, 41)

Y durante la fiesta de las Semanas del Antiguo Pacto, Dios dijo al
sacerdote que debía tomar dos pedazos de pan y poner levadura en ellos.
Esto es extraordinario. Dios había prohibido a Israel que comieran pan
con levadura durante el tiempo de la Pascua. Pero durante la fiesta que
ahora llamamos Pentecostés, dijo al sacerdote que tomara dos panes con
levadura:

*Y contaréis desde el día que sigue al día de reposo, desde el día en
que ofrecisteisla gavilla de la ofrenda mecida; siete semanas cumplidas serán. Hasta el día siguiente del séptimo día de reposo contaréis*

cincuenta días; entonces ofreceréis el nuevo grano a Jehová. De
vuestras habitaciones traeréis dos panes para ofrenda mecida, que
serán de dos décimas de efa de flor de harina, cocidos con levadura,
como primicias para Jehová. (Levítico 23:15–17)

Como la levadura representa el pecado, ¿por qué Dios requería levadura o algo que representaba al pecado en aquellos panes que eran mecidos delante de él durante la fiesta?

La Pascua apuntaba hacia Jesucristo y su vida sin pecado, así que no se permitía levadura durante este tiempo, desde la primera vez que se celebró. Pero la fiesta de las Semanas apuntaba hacia Pentecostés, que se enfoca en el pueblo de Dios, la iglesia, que todavía no ha alcanzado la perfección. La levadura de los dos pedazos de pan mecidos de la fiesta de Pentecostés muestra el reconocimiento que Dios hace de que la raíz del pecado aún no ha sido removida, aunque el Espíritu Santo more en el creyente. Los dos panes eran proféticos; sin embargo, Israel no pudo verlo.

¿De qué hablan los dos panes? ¿Qué sucedió en Pentecostés? Se les permitió a judíos y a gentiles por igual recibir al Espíritu Santo, a pesar de que ambos estaban todavía en un estado natural de pecado e imperfección. Dios estaba dispuesto a derramar el Espíritu Santo en vasijas terrenales.

¿Le gustaría saber otra cosa muy emocionante con respecto a Pentecostés? Mire en Levítico 23:17: *"De vuestras habitaciones traeréis dos panes para ofrenda mecida, que serán de dos décimas de efa de flor de harina, cocidos con levadura, como primicias para Jehová"*.

Preste atención a las dos décimas de efa de flor de harina. De acuerdo a cálculos hechos por algunos teólogos, el maná que caía del cielo tenía dos décimas de flor de harina. (¡De acuerdo a Éxodo 16:36, cada gomer tenía una décima parte de harina, y se les ordenó que en el Sabat debían juntar dos gomer, que constaban de dos décimas de harina, y que apunta hacia la doble porción de la unción!) La ofrenda presentada en el día de fiesta de los Primeros frutos (que apuntaba hacia la resurrección de Jesucristo) también estaba hecha con dos décimas de efa: *"Su ofrenda será dos décimas de efa de flor de harina amasada con aceite, ofrenda encendida a Jehová en olor gratísimo; y su libación será de vino la cuarta parte de un hin"* (Levítico 23:13). Del mismo modo, las doce tortas del Lugar Santísimo del tabernáculo también estaban hechas con dos décimas de efa: *"Y tomarás flor de harina, y cocerás de ella doce tortas; cada torta será de dos décimas de efa"* (Levítico 24:5–7).

Estas regularidades a lo largo de la Biblia deben apuntar hacia algo muy especial, ¿pero qué? Al igual que el maná que se recogía para el Sabat, la doble porción siempre está vinculada con el tanto de las dos décimas de efa de flor de harina. Dios le dijo a Moisés que usara estos panes durante la fiesta de Pentecostés, y los panes representaban a los judíos y a los gentiles. El pan sin levadura apuntaba hacia personas imperfectas que recibirían al Espíritu Santo durante Pentecostés después de la resurrección. Y las dos décimas de efa de flor de harina de estos panes debe decir a los creyentes a lo largo de los siglos que Dios permitió legalmente una doble porción. Dios no sólo envió al Espíritu Santo ese día, sino que prometió y dio una doble porción del Espíritu Santo.

Estos panes no eran pequeños. De acuerdo al Mishná, los escritos de la ley hablada que han sido transmitidos en la cultura judía a lo largo de los siglos, cada pan medía veintiocho pulgadas de largo, dieciséis pulgadas de ancho y siete pulgadas de alto. Una doble porción de éstos debió haber sido una ofrenda bastante pesada.

Con esto en mente, mire otra cosa en el versículo 20 de Levítico 23, lo cual debe darle una razón más para regocijarse: *"Y el sacerdote los presentará como ofrenda mecida delante de Jehová"*. La palabra "mecida" en Hebreo es *tunufa*, que quiere decir "vibrar". Literalmente quiere decir "balancearse en vibración", "estremecerse", "tambalearse de un lado a otro". En otras palabras, el sacerdote tenía que hacer vibrar, balancear y hacer tambalear los dos panes delante del Señor durante la fiesta. Como mencionamos anteriormente, éstos eran panes pesados. Hacerlos vibrar debió haber sido muy demostrativo, ciertamente bastante aparente. Y eso es exactamente lo que sucedió en el aposento alto durante el día de Pentecostés cuando el Espíritu Santo "llenó toda la casa" (Hechos 2:2), tanto así que algunos que observaban se burlaban, diciendo, *"Están llenos de mosto"* (Hechos 2:13).

Le tengo noticias. Si usted ve a las personas temblando bajo la unción del Espíritu Santo, no están haciendo algo diferente de lo que hicieron los sacerdotes en *tunufa* delante del Señor. El Espíritu Santo no se da sin acción, sin manifestación. Los cristianos más tranquilos y conservadores cuando verdaderamente reciben el Espíritu Santo, experimentan frecuentemente una manifestación gloriosa. Y cuando el Espíritu Santo se está moviendo sobre una vida, siempre hay belleza y perfección. El bautismo en el Espíritu Santo cambia la vida y es más poderoso de lo que se puede describir. Debe experimentarse para entenderse. Las simples palabras no lo pueden describir.

Pero, mi hermano y mi hermana, permítame enfatizar que nadie puede recibir esta gloriosa experiencia sin haber venido primero a la cruz y haber sido lavado en la sangre del Cordero (la Pascua), sin haber dejado el pecado y el mundo (los Panes sin levadura), y haber sido resucitado a una nueva vida (los Primeros frutos).

El Tiempo Venidero de los Tabernáculos

El primer tiempo de fiestas se llamó Pascua. El segundo tiempo, una sola fiesta llamada Pentecostés, o de las Semanas, vino después. El tercer y último tiempo de fiesta, los Tabernáculos, siempre ha sido el tiempo más glorioso de todos. Era la fiesta de fiestas para los hijos de Israel. Este tiempo también ha sido llamado la fiesta de Profecía, ya que las tres partes de este tiempo apuntan específicamente a eventos en esta forma:

LA FIESTA DE LAS TROMPETAS

El tiempo de los Tabernáculos fue introducido en el primer día del séptimo mes por medio del sonar de trompetas. Era un festival de trompetas, resonando por todo el país, y llamando a la nación a prepararse para el día de limpieza nacional.

El Salmo 89:15 declara: *"Bienaventurado el pueblo que sabe aclamarte; andará, oh, Jehová, a la luz de tu rostro"*. La primera parte de ese versículo también puede traducirse como "aquellos que conocen el sonar de la trompeta". A este día de fiesta se le llama día del Sonar de las trompetas, y hay que entender el significado de las trompetas en Israel.

Primero, había dos tipos de trompetas en Israel—trompetas hechas de cuernos de carnero y trompetas hechas de plata. Los cuernos de carnero se usaron especialmente para tocar una nota de grito en la caída de los muros de Jericó (Josué 6:5), y también era la trompeta del jubileo mencionada en Levítico 25: *"Entonces harás tocar fuertemente la trompeta en el mes séptimo a los diez días del mes; el día de la expiación haréis tocar la trompeta por toda vuestra tierra"* (versículo 9).

Y las dos trompetas de plata fueron hechas para los muchos llamados de Israel. La plata en la Escritura habla de redención (Éxodo 30:11–16; Números 3:40–50; 10:2–3), ya que era utilizada como rescate por la expiación:

> *Cuando tomes el número de los hijos de Israel conforme a la cuenta de ellos, cada uno dará a cuenta de ellos, cada uno dará a Jehová cuenta del rescate de su persona, cuando los cuentes, para que no haya en ellos mortandad cuando los hayas contado.* (Éxodo 30:12–13)

La trompeta, en la Escritura, también se usa para simbolizar la voz profética. Los profetas, por ejemplo, se les dijo que alzaran sus voces como trompeta: *"Clama a voz en cuello, no te detengas; alza tu voz como trompeta, y anuncia a mi pueblo su rebelión, y a la casa de Jacob su pecado"* (Isaías 58:1). Oseas 8:1 también dice: *"Pon a tu boca trompeta. Como águila viene contra la casa de Jehová, porque traspasaron mi pacto, y se rebelaron contra mí ley"*.

Las trompetas en Israel eran utilizadas para estas razones primordiales:

- **Para convocar a la congregación:** *"Jehová habló a Moisés, diciendo: Hazte dos trompetas de plata; de obra de martillo las harás, las cuales te servirán para convocar la congregación, y para hacer mover los campamentos"* (Números 10:1–2).

- **Para mover los campamentos:** También mencionado en Números 10:2.

- **Para tocar alarma:** *"Y cuando tacareis alarma la segunda vez, entonces moverán los campamentos de los que están acampados al oriente. Y cuando tocaréis alarma la segunda vez, entonces moverán los campamentos de los que están acampados al sur; alarma tocarán para sus partidas. Pero para reunir la congregación tocaréis, mas no con sonido de alarma"* (Números 10:5–7).

- **Guerras:** *"No callaré; porque sonido de trompeta has oído; oh alma mía, pregón de guerra"* (Jeremías 4:19).

- **Ofrendas y sacrificios:** *"Y en el día de vuestra alegría, y en vuestras solemnidades, y en los principios de vuestros meses, tocaréis las trompetas sobre vuestros holocaustos, y sobre los sacrificios de paz, y os serán por memoria delante de vuestro Dios. Yo Jehová vuestro Dios"* (Números 10:10).

- **La unción de reyes:** *"Entonces cada uno tomó apresuradamente su manto, y lo puso debajo de Jehú en un trono alto, y tocaron corneta, y dijeron: Jehú es rey"* (2 Reyes 9:13).

- **Dedicación del templo de Salomón:** *"Cuando sonaban, pues, las trompetas, y cantaban todos a una, para alabar y dar gracias a Jehová, y a medida que alzaban la voz con trompetas y címbalos y otros instrumentos de música, y alababan a Jehová, diciendo: Porque él es bueno, porque su misericordia es para siempre; entonces la casa se llenó de una nube, la casa de Jehová. Y no podían los sacerdotes estar allí para ministrar, por causa de la nube; porque la gloria de Jehová había llenado la casa de Dios"* (2 Crónicas 5:13-14).

Las trompetas también se usarán en los juicios finales de Dios: *"Cuando abrió el séptimo sello, se hizo silencio en el cielo como por media hora. Y vi a los siete ángeles que estaban en pie ante Dios; y se les dieron siete trompetas"* (Apocalipsis 8:1-2); y en la Segunda Venida de Jesucristo: *"Porque el Señor mismo con voz de mando, con voz de arcángel, y con trompeta de Dios, descenderá del cielo; y los muertos en Cristo resucitarán primero"* (1 Tesalonicenses 4:16).

La fiesta de las Trompetas fue introducida por el sonar de trompetas. Es por eso que se le llamaba el día del Sonar de las trompetas. Y yo creo que el día del Sonar de las trompetas será cumplido en el rapto de la iglesia. Primera de Corintios 15:52 apunta hacia el gran momento cuando sonará la trompeta: *"En un momento, en un abrir y cerrar de ojos, a la final trompeta; porque se tocará la trompeta, y los muertos serán resucitados incorruptibles, y nosotros seremos transformados"*.

La palabra rapto es una palabra que usamos para la frase "arrebatados", que se encuentra en 1 Tesalonicenses 4:17: *"Luego nosotros los que vivimos, los que hayamos quedado, seremos arrebatados juntamente con ellos en las nubes para recibir al Señor en el aire, y así estaremos siempre con el Señor".*

Y la Escritura nos dice que cuando el Señor regrese, vendrá como ladrón en la noche: *"Porque vosotros sabéis perfectamente que el día del Señor vendrá así como ladrón en la noche"* (1 Tesalonicenses 5:2). Yo creo que este evento glorioso está muy cerca, y ocurrirá en un abrir y cerrar de ojos. Me han dicho que un abrir y cerrar de ojos es once centésimas de segundo. ¡Con velocidad cegadora, seremos transformados! Las cosas van a suceder rápidamente al sonar de la trompeta.

Pablo nos dice acerca de ese día. En 1 Corintios 15:50–51, declara: *"Pero esto digo, hermanos: que la carne y la sangre no pueden heredar el reino de Dios, ni la corrupción hereda la incorrupción. He aquí, os digo un misterio".*

El apóstol está hablando de una revelación escondida. Es una verdad que debemos entender. Pablo continúa: *"No todos dormiremos; pero todos seremos transformados, en un momento, en un abrir y cerrar de ojos, a la final trompeta"* (versículos 51–52).

Jesús va a regresar, y la Biblia declara que vendrá por aquellos que lo están esperando: *"Así también Cristo fue ofrecido una sola vez para llevar los pecados de muchos; y aparecerá por segunda vez, sin relación con el pecado, para salvar a los que le esperan"* (Hebreos 9:28).

Ahora hay algo que quiero ayudarlo a entender. Las Escrituras nos dicen que este día glorioso no vendrá hasta que haya venido la apostasía y se manifieste el hombre de pecado:

> *Pero con respecto a la venida de nuestro Señor Jesucristo, y nuestra reunión con él, os rogamos, hermanos, que no os dejéis mover fácilmente de vuestro modo de pensar, ni os conturbéis, ni por espíritu, ni por palabra, ni por carta como si fuera nuestra, en el sentido de que*

el día del Señor está cerca. Nadie os engañe en ninguna manera;
porque no vendrá sin que antes venga la apostasía, y se manifieste el
hombre de pecado, el hijo de perdición. (2 Tesalonicenses 2:1–3)

Más adelante en ese mismo capítulo, Pablo nos dice que el Espíritu Santo, el Poder que está deteniendo la aparición del anticristo, será quitado de en medio: *"Porque ya está en acción el misterio de la iniquidad; sólo que hay quien al presente lo detiene, hasta que él a su vez sea quitado de en medio. Y entonces se manifestará aquel inicuo, a quien el señor matará con el espíritu de su boca, y destruirá con el resplandor de su venida"* (versículos 7–8).

¡Oh, amado de Dios, cuando eso suceda, usted y yo vamos a experimentar el momento más grandioso desde que fuimos salvos! Cuando el Espíritu Santo deje el mundo, usted y yo nos vamos a ir con él. ¡Allí es cuando sucederá el rapto del que habla 1 Corintios 15:51–52 y 1 Tesalonicenses 4:17!

También es importante saber que usted y yo, como creyentes, no pasaremos por el periodo al que la Biblia llama la Gran Tribulación o el tiempo de la ira, porque la Escritura declara: *"Porque no nos ha puesto Dios para ira, sino para alcanzar salvación por medio de nuestro Señor Jesucristo"* (1 Tesalonicenses 5:9).

Ahora recuerde, cuando Dios estaba a punto de destruir Sodoma y Gomorra, primero envió a sus ángeles a sacar a Lot. En Génesis 19:22, el ángel dijo a Lot, *"Date prisa, escápate allá; porque nada podré hacer hasta que hayas llegado allí"*. Así es que está claro en la Escritura que Dios sacó al justo del camino antes de que viniera la destrucción.

También, en Isaías 26:19, leemos: *"Tus muertos vivirán; sus cadáveres resucitarán. ¡Despertad y cantad, moradores del polvo! Porque tu rocío es cual rocío de hortalizas, y la tierra dará sus muertos"*.

Esto se cumplió cuando Jesucristo resucitó de los muertos, lo que se habló en Mateo 27:50–53:

EL CORDERO DE DIOS

Mas Jesús, habiendo otra vez clamado a gran voz, entregó el espíritu. Y he aquí, el velo del templo se rasgó en dos, de arriba abajo; y la tierra tembló, y las rocas se partieron; y se abrieron los sepulcros, y muchos cuerpos de santos que habían dormido, se levantaron; y saliendo de los sepulcros, después de la resurrección de él, vinieron a la santa ciudad, y aparecieron a muchos.

El versículo 20 de Isaías 26 continúa diciendo: *"Anda, pueblo mío, entra en tus aposentos, cierra tras ti tus puertas; escóndete un poquito, por un momento, en tanto que pasa la indignación"*.

Esto es el rapto de la iglesia, pues Dios tomará a su pueblo para protegerlo de la destrucción que pronto descenderá sobre el planeta Tierra, como está revelado en el versículo 21 de Isaías 26: *"Porque he aquí que Jehová sale de su lugar para castigar al morador de la tierra por su maldad contra él; y la tierra descubrirá la sangre derramada sobre ella, y no encubrirá más a sus muertos"*. Imagínese—habrá destrucción tan grande que no habrá suficientes tumbas para enterrar a los muertos.

Recuerde, la Escritura dice que Dios no puede juzgar a los justos junto con los impíos, porque cuando Abraham estaba intercediendo por Sodoma y Gomorra, él oró: *"Lejos de ti el hacer tal, que hagas morir al justo con el impío, y que sea el justo tratado como el impío; nunca tal hagas. El Juez de toda la tierra, ¿no ha de hacer lo que es justo?"* (Génesis 18:25).

Es por eso que después de que el apóstol Pablo dijo a la iglesia en Tesalónica acerca de ese día glorioso (1 Tesalonicenses 4:13–17), terminó diciéndoles que se consolaran unos a otros, ya que el rapto de la iglesia es un mensaje de esperanza y consolación, no de temor y confusión. Y el Señor Jesús nos dijo que estuviéramos preparados para ese día, ya que en Mateo 24:44, leemos: *"Por tanto, también vosotros estad preparados; porque el Hijo del Hombre vendrá a la hora que no pensáis"*.

Así es que, amados de Dios, *"erguíos y levantad vuestra cabeza, porque vuestra redención está cerca"* (Lucas 21:28).

Ahora llegamos a la más solemne de todas las fiestas. El día de Expiación era el tiempo de la limpieza nacional y del santuario. En este día se ofrecían sacrificios por expiación y reconciliación. La ofrenda especial y peculiar que se ofrecía eran dos machos cabríos:

Y de la congregación de los hijos de Israel tomará dos machos cabríos para expiación, y un carnero para holocausto. Y hará traer Aarón el becerro de la expiación que es suyo, y hará la reconciliación por sí y por su casa. Después tomará los dos machos cabríos y los presentará delante de Jehová, a la puerta del tabernáculo de reunión. Y echarán suertes sobre los dos machos cabríos; una suerte por Jehová, y una suerte por Azazel. Y hará traer Aarón el macho cabrío sobre el cual cayere la suerte por Jehová, y lo ofrecerá en expiación. (Levítico 16:5–9)

Un macho cabrío era inmolado, y el otro era llevado al desierto de la mano de un hombre, llevándose lejos los pecados del pueblo. Era en este día, una vez al año, que el sumo sacerdote entraba en el Lugar Santísimo, dentro del velo, con la sangre de la ofrenda por el pecado. Aquí rociaba la sangre en el propiciatorio. La sangre de la ofrenda por el pecado en ese gran día de Expiación era lo que traía la limpieza de todos los pecados, todas las iniquidades y todas las transgresiones. El sacerdocio, el santuario, e Israel como nación, experimentaban la expiación de la sangre. Ese día, eran reconciliados con Dios.

Levítico 23:26–28 explica:

También habló Jehová a Moisés, diciendo: A los diez días de este mes séptimo será el día de expiación; tendréis santa convocación, y afligiréis vuestras almas, y ofreceréis ofrenda encendida a Jehová. Ningún trabajo haréis en este día; porque es día de expiación, para reconciliaros delante de Jehová vuestro Dios.

Números 29:7–11 también apunta hacia este día solemne:

> En el diez de este mes séptimo tendréis santa convocación, y afligiréis vuestras almas; ninguna obra haréis; y ofreceréis en holocausto a Jehová en olor grato, un becerro de la vacada, un carnero, y siete corderos de un año; serán sin defecto. Y sus ofrendas, flor de harina amasada con aceite, tres décimas de efa con cada becerro, dos décimas con cada carnero, y con cada uno de los siete corderos, una décima; y un macho cabrío por expiación; además de la ofrenda de las expiaciones por el pecado, y del holocausto continuo y de sus ofrendas y de sus libaciones.

Es importante que entendamos que el día de la Expiación tiene un cumplimiento triple:

1. **En Israel.** El día de la Expiación era el más solemne de todos los días en todo el país. Dios Todopoderoso declara esto por medio del profeta Zacarías, como está escrito en el capítulo 3, versículo 9: "*Y quitaré el pecado de la tierra en un día*". Cada año, la nación de Israel guardaba el día de la Expiación, sin embargo uno de estos días Dios cumplirá la promesa de Zacarías cuando Israel será salvo.

2. **En Jesucristo.** También debemos entender claramente que esta fiesta se cumplió completamente en la persona y ministerio de nuestro maravilloso Señor Jesús cuando fue crucificado en la cruz del Calvario y dijo: "*Consumado es*" (Juan 19:30).

3. **En los creyentes cuando nos presentemos en ese día limpios y perfectos.** Algún día muy pronto la fiesta será cumplida en nosotros, la iglesia. Cuando nos presentemos delante de él y

conozcamos la plenitud de la manifestación del poder de su sangre, que destruirá el poder del pecado para siempre, nos presentaremos perfectos delante de su trono, libres al fin de toda iniquidad, transgresiones y muerte.

Ahora bien, el Señor había ordenado a Aarón que no entrara en el Lugar Santísimo todo el tiempo, sino sólo en este único día del año. Aún así sólo debía entrar con la sangre del sacrificio, el incensario de oro, y sus manos llenas de incienso aromático. Sólo entonces podría llevar la ofrenda dentro del velo:

Habló Jehová a Moisés después de la muerte de los hijos de Aarón, cuando se acercaron delante de Jehová, y murieron. Y Jehová dijo a Moisés: Di a Aarón tu hermano, que no en todo tiempo entre en el santuario detrás del velo, delante del propiciatorios que está sobre el arca, para que no muera; porque yo apareceré en la nube sobre el propiciatorio. Después tomará un incensario lleno de brasas de fuego del altar de delante de Jehová, y sus puños llenos del perfume aromático molido, y lo llevarán detrás del velo. Y pondrá perfume sobre el fuego delante de Jehová, y la nube del perfume cubrirá el propiciatorio que está sobre el testimonio, para que no muera. Tomará luego de la sangre del becerro, y la rociará con su dedo hacia el propiciatorio al lado oriental; hacia el propiciatorio esparcirá con su dedo siete veces de aquella sangre. Después degollará el macho cabrío en expiación por el pecado del pueblo, y llevará la sangre detrás del velo adentro, y hará de la sangre como hizo con la sangre del becerro, y la esparcirá sobre el propiciatorio y delante del propiciato- rio. Así purificará el santuario, a causa de las impurezas de los hijos de Israel, de sus rebeliones y de todos sus pecados; de la misma manera hará también al tabernáculo de reunión, el cual reside entre ellos en medio de sus impurezas. (Levítico 16:1–2, 12–16)

Preste atención a cuatro paralelos asombrosos en el cumplimiento triple—Israel, Jesucristo y la iglesia—con respecto al Día de la Expiación:

La preciosa sangre. Primero, Aarón entraba con la sangre del becerro, la cual rociaba siete veces sobre el propiciatorio. Esto se cumplió en la obra perfecta de la cruz cuando la sangre de Jesús fue derramada siete veces por usted y por mí:

1. La sangre fue primero derramada en Getsemaní al caer de su preciosa frente (Lucas 22:44).
2. Después, la sangre fue derramada cuando le colocaron la corona de espinas sobre la cabeza (Juan 19:2).
3. La sangre fue derramada mientras los soldados le golpeaban su preciosa cara (Mateo 26:67) y le arrancaban el pelo de la barba (Isaías 50:6).
4. La sangre del Salvador fue derramada por cuarta vez al ser azotada su espalda (Mateo 27:26).
5. La siguiente vez ocurrió cuando los soldados lo crucificaron, clavando sus manos a la cruz (Mateo 27:35; Juan 20:27).
6. Su sangre fue derramada mientras clavaban sus pies a la cruz (Lucas 24:39–40).
7. La última vez fue cuando fue atravesado su costado (Juan 19:34).

Incienso. Mientras Aarón atravesaba el velo, colocando el incienso en las brasas del incensario, una nube de incienso ascendía, cubriendo el arca de gloria. El incienso siempre habla de oración y adoración. David escribió en el Salmo 141:2, "*Suba mi oración delante de ti como el incienso, el don de mis manos como la ofrenda de la tarde*". Esto se cumple en Jesucristo y en la iglesia, ya que él es el Mediador e Intercesor.

Hebreos 7:25 declara, *"Por lo cual puede también salvar perpetuamente a los que por él se acercan a Dios, viviendo siempre para interceder por ellos"*.

El incienso también habla de la adoración, puesto que la Escritura dice en el Salmo 29:2, *"Dad a Jehová la gloria debida a su nombre; adorad a Jehová en la hermosura de la santidad"*. Esto se cumplirá cuando nos presentemos delante de él, santos, adorándolo por todo lo que él ha hecho.

Lavamiento con agua. En el Día de la Expiación, también, estaba el lavamiento con agua para la preparación de la ofrenda de sacrificio. Aarón se lavaba antes de entrar al santuario, luego se volvía a lavar en el lugar santo después de haber limpiado el santuario. Preste atención a Levítico 16:4 y 24:

> *Se vestirá la túnica santa de lino, y sobre su cuerpo tendrá calzoncillos de lino, y se ceñirá el cinto de lino, y con la mitra de lino se cubrirá. Son las santas vestiduras; con ellas se ha de vestir después de lavar su cuerpo con agua…Lavará luego su cuerpo con agua en el lugar del santuario, y después de ponerse sus vestidos saldrá, y hará su holocausto, y el holocausto del pueblo, y hará la expiación por sí y por el pecado.*

Esto se cumplirá en la iglesia en aquel día glorioso, puesto que Efesios 5:26.27 declara: *"Para santificarla, habiéndola purificado en el lavamiento del agua por la palabra, a fin de presentársela a sí mismo, una iglesia gloriosa, que no tuviese mancha ni arruga ni cosa semejante, sino que fuese santa y sin mancha."* ¡En ese día, él nos limpiará con el agua de la Palabra para que pueda presentarnos delante de sí mismo!

Cambio de vestiduras. En este día también, Aarón hacía a un lado sus vestiduras de gloria y hermosura. Éxodo 28 describe las hermosas vestiduras: "*Y harás vestiduras sagradas a Aarón tu hermano, para honra y hermosura*" (versículo 2). Aarón hizo a un lado esas vestiduras de gloria y hermosura; y se puso vestiduras de lino: "*Se vestirá la túnica santa de lino, y sobre su cuerpo tendrá calzoncillos de lino; y se ceñirá el cinto de lino, y con la mitra de lino se cubrirá. Son las santas vestiduras*" (Levítico 16:4). Después de hacer la expiación en el santuario y lavar el lugar santo, se quitaba las vestiduras santas de lino y se volvía a poner las vestiduras de gloria y hermosura.

Cuan maravillosamente cumplió el Señor Jesús este tipo de sí mismo, ya que hizo a un lado su reputación, despojándose a sí mismo de su gloria, y se hizo semejante a los hombres:

> *El cual, siendo en forma de Dios, no estimó el ser igual a Dios como cosa a que aferrarse, sino que se despojó a sí mismo, tomando forma de siervo, hecho semejante a los hombres; y estando en la condición de hombre, se humilló a sí mismo, haciéndose obediente hasta la muerte, y muerte de cruz. Por lo cual Dios también le exaltó hasta lo sumo, y le dio un nombre que es sobre todo nombre.* (Filipenses 2:6–9)

¡Después, Dios lo exaltó grandemente, lo vistió de gloria y honor y le dio un nombre sobre todo nombre! De la misma manera, en ese día tan glorioso que está por venir, los creyentes también experimentarán un cambio de vestiduras cuando cambiemos esto corruptible por incorruptible.

La palabra *expiación* significa "reconciliación," y ese día traerá completa reconciliación entre Dios y su pueblo. El día de la Expiación, establecido como la más solemne de todas las fiestas, se cumplió en Jesucristo cuando murió en la cruz del Calvario. ¡Esa solemnidad se convertirá en celebración mientras vemos la manifestación total de esta fiesta!

¡Que día será aquel cuando el poder de la sangre de Jesucristo nos traiga, la iglesia, a la perfección—poniéndole fin a todo pecado, toda iniquidad, toda trasgresión—al presentarnos perfectos en su gloriosa presencia!

LA FIESTA DE LOS TABERNACULOS

La parte final del tiempo de los Tabernáculos durante el séptimo mes judío es la fiesta de los Tabernáculos. Desde el tiempo de Moisés cuando se dio la ley, esta fiesta era la más celebrada, ya que señalaba el fin de la cosecha final del año y significaba que la cosecha de fruta estaba toda recogida. En este tiempo, los hijos de Israel debían apartar siete días para el Señor. Debían dejar sus casas y morar en enramadas hechas de hojas, regocijándose delante de Dios.

Oh, amados, yo ruego que al leer las siguientes páginas, el Espíritu Santo les muestre algo glorioso.

Fíjese en Levítico 23:33–36:

> *Y habló Jehová a Moisés diciendo: Habla a los hijos de Israel y diles: A los quince días de este mes séptimo será la fiesta solemne de los tabernáculos a Jehová por siete días. El primer día habrá santa convocación; ningún trabajo de siervos haréis. Siete días ofreceréis ofrenda encendida a Jehová; el octavo día tendréis santa convo-cación; y ofreceréis ofrenda encendida a Jehová; es fiesta, ningún trabajo de siervos haréis.*

Esta fiesta, conocida en hebreo como *Sucot*, era la fiesta de la Cosecha, a la que se hace referencia en Éxodo 23:16: "*La fiesta de la cosecha a la salida del año, cuando hayas recogido los frutos de tus labores del campo*". Es también la fiesta solemne que se menciona en Deuteronomio 16:15:

Siete días celebrarás fiesta solemne a Jehová tu Dios en el lugar que Jehová escogiere; porque te habrá bendecido Jehová tu Dios en todos tus frutos, y en toda la obra de tus manos, y estarás verdaderamente alegre.

Pentecostés también era un tiempo de cosecha, pero la cosecha era de trigo, cebada y mosto. Esta es el la cosecha que se menciona en Rut 1:22: *"Así volvió Noemí, y Rut la moabita su nuera con ella; volvió de los campos de Moab, y llegaron a Belén al comienzo de la siega de la cebada"*. Se hace referencia a esta misma cosecha en Rut 2:23: *"Estuvo, pues, junto con las criadas de Booz espigando, hasta que se acabó la siega de la cebada y la del trigo; y vivía con su suegra"*. Este mismo tiempo también se menciona en Éxodo 34:22: *"También celebrarás la fiesta de las semanas, la de las primicias de la siega del trigo, y la fiesta de la cosecha a la salida del año"*.

Como puede ver, la primera cosecha de cada año era trigo, cebada y mosto, que se celebraba durante la fiesta de Pentecostés, el tiempo de las lluvias tempranas. Trigo, cebada y mosto siempre hablan de la palabra de Dios. La lluvia temprana se refiere a la predicación de la Palabra.

La última cosecha de cada año, sin embargo, era la cosecha que era alimentada por las lluvias tardías y se celebraba durante la fiesta de los Tabernáculos. Esto habla de la cosecha de almas y la salvación de los perdidos.

Esta verdad trae un significado nuevo en Santiago 5:7–8:

Por tanto, hermanos, tened paciencia hasta la venida del Señor. Mirad cómo el labrador espera el precioso fruto de la tierra, aguardando con paciencia hasta que reciba la lluvia temprana y la tardía. Tened también vosotros paciencia, y afirmad vuestros corazones; porque la venida del Señor se acerca.

Cuando se cumplió la fiesta de Pentecostés proféticamente durante el primer siglo, ¿qué sucedió? El evangelio de Cristo se predicó. Miles eran agregados a la iglesia diariamente, cumpliendo las profecías referentes a las lluvias tempranas.

Ahora esperamos la venida de las lluvias tardías y de la cosecha de todo en Jesucristo, que se llevará a cabo al final de los días cuando el Señor regrese a reinar en la tierra y sobre su pueblo antiguo, Israel. La Biblia declara: "Y luego todo Israel será salvo, como está escrito: Vendrá de Sión el Libertador, que apartará de Jacob la impiedad. Y éste será mi pacto con ellos, cuando yo quite sus pecados" (Romanos 11:26–27). Y en Zacarías 3:9, la Escritura nos dice: "Porque he aquí aquella piedra que puse delante de Josué; sobre esta única piedra hay siete ojos; he aquí yo grabaré su escultura, dice Jehová de los ejércitos, y quitaré el pecado de la tierra en un día".

Dios Todopoderoso ha prometido una restitución completa a su pueblo Israel. Esta es la lluvia tardía y la cosecha. Tan grande será esa cosecha que Joel habla de la restauración de todas las cosas, como el profeta por medio del Espíritu Santo escribió: "Y os restituiré los años que comió la oruga, el saltón, el revoltón y la langosta, mi gran ejército que envié contra vosotros" (Joel 2:25).

Esto sucederá como resultado de la unión de la lluvia temprana y la tardía, pues Dios declara: "Vosotros también, hijos de Sión, alegraos y gozaos en Jehová vuestro Dios; porque os ha dado la primera lluvia a su tiempo, y hará descender sobre vosotros lluvia temprana y tardía como al principio" (Joel 2:23).

Y el profeta Amós nos habla acerca del día cuando el Señor levante el tabernáculo de David otra vez, lo que quiere decir que éste será el tiempo de la restauración completa de la gloria de Dios en la tierra: "En aquel día yo levantaré el tabernáculo caído de David, y cerraré sus portillos y levantaré sus ruinas, y lo edificaré como en el tiempo pasado" (Amós 9:11).

Por medio de su pueblo—judíos y gentiles—Jesucristo vendrá en

La presencia de Dios será tan gloriosa sobre el planeta Tierra que toda oposición será removida.

una gloria tan gloriosa y tan grande que *"el que ara alcanzará al segador, y el pisador de las uvas al que lleva la simiente"* (Amós 9:13). Este será un tiempo de cosecha jamás visto desde la creación del hombre, cuando *"los montes [Su gobierno] destilarán mosto [Su presencia], y todos los collados [todos los obstáculos] se derretirán"* (Amós 9:13). La presencia de Dios será tan gloriosa sobre el planeta Tierra que toda oposición será removida. No habrá fuerza alguna en la tierra que se oponga a la presencia de Dios en ese día.

Amós continúa apuntando hacia ese tiempo en los versículos 14–15:

Y traeré del cautiverio a mi pueblo Israel, y edificarán ellos las ciudades asoladas, y las habitarán; plantarán viñas, y beberán el vino de ellas, y harán huertos, y comerán el fruto de ellos. Pues los plantaré sobre su tierra, y nunca más serán arrancados de su tierra que yo les di, ha dicho Jehová Dios tuyo.

¡Que día tan glorioso será cuando nosotros, su novia e Israel, su pueblo escogido, reinemos con nuestro amado Redentor!

Una Palabra Final

El milagro del Éxodo es uno de los acontecimientos más asombrosos en toda la historia. Los hijos de Israel fueron liberados de la esclavitud de Egipto. Fueron completamente sanados. Aún más, Dios les dio dirección sobrenatural. Él *"iba delante de ellos de día en una columna de nube para guiarlos por el camino, y de noche en una columna de fuego para alumbrarles, a fin de que anduviesen de día y de noche"* (Éxodo 13:21). Dios permitió que su gloria permaneciera mientras caminaban hacia la Tierra Prometida.

En las siete grandes fiestas del Señor—la Pascua, los Panes sin levadura, las Primicias, Pentecostés, las Trompetas, día de la Expiación y los Tabernáculos—todas apuntan hacia Jesucristo, nuestro maravilloso Señor.

A lo largo del sendero de sangre carmesí en cada una de estas fiestas, debe ser obvio para todos cómo todo en el Antiguo Pacto apuntaba hacia la cruz.

Lo que fue prometido a los grandes hombres y mujeres del pasado ha sido cumplido por medio de Jesucristo. Él pagó el precio; sin embargo, nosotros cosechamos la recompensa. Oh, ¡qué precioso es nuestro Cordero de Dios y la fe que podemos tener en él!

Que maravillosas y verdaderas son las palabras escritas en este himno clásico:

> Hay una fuente llena de sangre
> Tomada de las venas de Emanuel,
> Y los pecadores sumergidos bajo esta inundación
> Perdieron todas sus manchas de culpa.
>
> Querido Cordero que moriste, tu preciosa sangre
> Jamás perderá su poder
> Hasta que toda la iglesia rescatada de Dios
> Sea salvada del pecado no más.

¡Hemos sido rescatados por la sangre del Cordero! Jesucristo vino a la tierra a cumplir todas las preciosas promesas proféticas que Dios dio a lo largo del Antiguo Testamento. Tenemos la esperanza bendita, al precioso Cordero de Dios, y ¡lo mejor de todo, él es el Rey que pronto vendrá en poder para recibirnos para que vivamos y reinemos con él por siempre, los creyentes rescatados, salvados del pecado no más!

> *He aquí yo vengo pronto, y mi galardón conmigo, para recompensar a cada uno según sea su obra. Yo soy el Alfa y la Omega, el principio y el fin, el primero y el último....El que da testimonio de estas cosas dice: Ciertamente vengo en breve, Amén; sí, ven. Señor Jesús.* (Apocalipsis 22:12–13, 20)

4

TOMA TU CRUZ:
SIGUE AL CORDERO

Entonces Jesús dijo a sus discíplos: Si alguno quiere venir en pos
de mí, niéguese a sí mismo, y tome su cruz, y sígame.

—MATEO 16:24

O ES TONTO EL QUE DA LO QUE NO PUEDE guardar para
ganar lo que no puede perder". Este famoso dicho escrito por el
misionero Jim Elliot repite el clásico mensaje de la Cruz, simple y
sencillo, hablado por nuestro maravilloso Señor Jesús:

> *Entonces Jesús dijo a sus discípulos: Si alguno quiere venir en pos de*
> *mí, niéguese a sí mismo, y tome su cruz, y sígame. Porque todo*
> *aquel que quiera salvar su vida, la perderá; y todo el que pierda su*
> *vida por causa de mí, la hallará. Porque ¿qué aprovechará al*
> *hombre, si ganare todo el mundo, y perdiere su alma? ¿O qué*
> *recompensa dará el hombre por su alma? Porque el Hijo del Hombre*
> *vendrá en la gloria de su Padre con sus ángeles, y entonces pagará a*
> *cada uno conforme a sus obras.* (Mateo 16:24–27)

¿Qué impulsa a un individuo a tomar su cruz y seguir a Jesús? Yo
creo que A. W. Tozer contestó esta pregunta a través de su apasionada
búsqueda de Dios. Escribió esta observación tan profunda en su libro *El*

Conocimiento del Santo, que contesta esta pregunta diciendo que el anhelo por conocer lo que no puede conocerse, comprender lo incomprensible, tocar y gustar lo inaccesible, se levanta de la imagen de Dios en la naturaleza del hombre. Un abismo llama a otro, y aunque esté contaminado y sin acceso al mar a causa del desastre al que los teólogos llaman la gran Caída, el alma percibe su origen y desea regresar a su Fuente. ¿Cómo se puede realizar esto? La respuesta de la Biblia es simplemente "por medio de nuestro Señor Jesucristo".

A lo largo de las páginas de este libro, he compartido con usted, cómo la cruz está en el punto central de la línea de tiempo de la historia. Desde las profecías del Antiguo Testamento hasta las señales y tipos de las fiestas, Jesucristo es el enfoque de toda la Escritura.

Jesucristo vino a morir por los pecados de la humanidad y a restaurar a sus hijos a una vida de comunión con el Padre. Por lo tanto, la cruz apunta hacia delante, no hacia atrás. Entender el mensaje que debemos tomar nuestra cruz y seguirlo es absolutamente necesario para desarrollar un caminar de cercana comunión con él. También es vital el entender que nuestros pasos hoy nos acercan cada vez más a una eternidad con el Salvador.

El Mensaje de la Cruz

Cuando consideramos lo que ocurrió en la cruz del Calvario, sobresalen éstas tres cosas:

- **El pecado de la humanidad clavó a Jesús en la cruz.** Toda la humanidad fue responsable por la crucifixión de nuestro Salvador. Los soldados romanos, las personas que estaban mirando, al igual que usted y yo somos culpables, ya que fueron nuestros pecados—colectivos e individuales—los que ocasio-naron que él viniera a la tierra para darse a sí mismo voluntaria-mente como el sacrificio máximo y definitivo.

- **El amor de Dios es abrumador.** Fue en la cruz en donde el Padre y su Hijo Jesús dieron el regalo más grande de la historia.

- **El Salvador se dio a sí mismo voluntariamente para convertirse en la única puerta de la humanidad al Padre.** *"Jesús le dijo: Yo soy el camino, y la verdad, y la vida; nadie viene al Padre, sino por mí"* (Juan 14:6).

Cristo era sin pecado, sin embargo se convirtió en nuestro cargador de pecado. En vez de limpiarnos simbólicamente de la profanación y la muerte, el Señor nos limpió del pecado real. Fue por medio de su sacrificio en el Calvario que el Señor Jesús removió el último obstáculo, el pecado, que había sido el causante de siglos de alejamiento entre Dios y la humanidad, permitiendo de ese modo la restauración de la comunión íntima con el Padre:

> *Porque esto es bueno y agradable delante de Dios nuestro Salvador, el cual quiere que todos los hombres sean salvos y vengan al conocimiento de la verdad. Porque hay un solo Dios, y un solo mediador entre Dios y los hombres, Jesucristo hombre, el cual se dio a sí mismo en rescate por todos, de lo cual se dio testimonio a su debido tiempo.* (1 Timoteo 2:3–6)

Entonces, ¿qué significa abrazar la cruz, tomarla y seguirlo? ¿Qué nos estaba diciendo Jesús que hiciéramos?

EL SECRETO DEL PODER DE LA CRUZ

Vayamos al corazón de seguir a Cristo. Yo creo que éste es un mensaje muy necesario para el pueblo de Dios. El apóstol Pablo escribió acerca de esta necesidad en su carta dirigida a la iglesia de Roma inspirada por el Espíritu Santo:

Así también vosotros consideraos muertos al pecado, pero vivos para Dios en Cristo Jesús, Señor nuestro. No reine, pues, el pecado en vuestro cuerpo mortal, de modo que lo obedezcáis en sus concupiscencias; ni tampoco presentéis vuestros miembros al pecado como instrumentos de iniquidad, sino presentaos vosotros mismos a Dios como vivos de entre los muertos, y vuestros miembros a Dios como instrumentos de justicia. Porque el pecado no se enseñoreará de vosotros; pues no estáis bajo la ley, sino bajo la gracia. ¿Que, pues? ¿Pecaremos, porque estamos bajo la ley, sino bajo la gracia? En ninguna manera. (Romanos 6:11–15)

¿"Consideraos muertos"? Para muchos hoy en día, esto es inaceptable. Sin embargo, la necesidad de morir a uno mismo jamás ha sido tan necesaria. El sacrificio de sí mismo le da victoria a usted sobre Satanás. El entregarse por completo a Jesucristo trae vida abundante; sin embargo, empieza por morirse. Primero debe morir a sí mismo.

Jesús habló de esto en Juan 12:24–26, mientras enseñaba esta parábola poderosa:

De cierto, de cierto os digo, que si el grano de trigo no cae en la tierra y muere, queda solo; pero si muere, lleva mucho fruto. El que ama su vida, la perderá; y el que aborrece su vida en este mundo, para vida eterna la guardará. Si alguno me sirve, sígame; y donde yo estuviere, allí también estará mi servidor. Si alguno me sirviere, mi Padre le honrará.

En esta parábola del grano de trigo, el Señor Jesús vincula el servirle con el sacrificio de uno mismo. Y fue este mensaje el que Dios usó a través de Kathryn Kuhlman para cambiar mi vida. Asistir a sus cruzadas y leer sus libros influyeron en mi vida de varias maneras. Sin embargo, fue un casete especial de ella el que usó el Espíritu Santo para cambiar completamente mi manera de ver la vida. Estaba en mi habitación y decidí escuchar un casete que un amigo me había obsequiado: "El Secreto del Poder del Espíritu". No llevaba mucho de ser cristiano, y mi amigo me dijo que este casete era algo que realmente tenía que escuchar. Puse el casete y en el momento en que empezó a sonar, el poder de Dios vino sobre mí, y de inmediato quedé fascinado con cada palabra.

Mientras continuaba el mensaje, ella comenzó a hablar acerca de morir a uno mismo. Hablaba de cómo antes de caminar a la plataforma, moría mil muertes. Al principio realmente no entendí todo lo que ella estaba diciendo, pero seguí escuchando porque sentía una presencia muy fuerte del Espíritu Santo. Seguí devolviendo el casete y escuchando las palabras una y otra vez hasta que finalmente empecé a comprender lo que esta maravillosa mujer de Dios estaba diciendo. "El secreto para recibir el poder del Espíritu Santo," ella dijo: "es dependencia de él, no independencia". Continuó describiendo cómo ella finalmente había decidido rendirse a él por completo—espíritu, alma y cuerpo—un sábado en Los Ángeles a las cuatro de la tarde. Dijo que esa experiencia ocasionó una transformación en su vida.

Ese fue un momento decisivo para mí mientras que la verdad de su mensaje comenzó a transformar mi vida. Me di cuenta que no sólo era una transformación, sino que era una constante revelación de morir a uno mismo. Ninguno de nosotros, con excepción de nuestro maravilloso maestro Jesús, ha vivido una vida perfecta. La decisión de morir a uno mismo debe ser tomada continuamente. Debemos considerarnos muertos. Y una vez que nos enterremos a nosotros mismos, debemos permitirle a Dios que saque al nuevo hombre que él desea. Debemos permitirle que desarrolle la imagen de su Hijo en nosotros diariamente.

La decisión de morir a uno mismo debe ser tomada continuamente.

Todo empieza con el morir a uno mismo. Continúa cuando usted muere diariamente. Seguir a Cristo significa abrazar la cruz cada día.

DEPENDENCIA TOTAL

¿Qué significa ser totalmente dependiente del Salvador? Permítame volver al Antiguo Testamento para buscar un ejemplo innegable. El rey David, considerado por historiadores y teólogos uno de los más poderosos y exitosos guerreros de su día, estaba muy dispuesto a declarar abiertamente que sin Dios no podía hacer nada. Este pensamiento continúa a lo largo del capítulo más largo de la Biblia. Cuando vi lo que el salmista estaba diciendo, empecé a ver el pasaje completo del Salmo 119 como un profundo discurso acerca de la dependencia total en Dios, basado en un fundamento de obediencia y limpieza.

Empieza el salmo declarando: "*Bienaventurados los perfectos de camino, los que andan en la ley de Jehová. Bienaventurados los que guardan sus testimonios, y con todo el corazón le buscan; pues no hacen iniquidad los que andan en sus caminos*". Los versículos 1–3 claramente nos dicen que no podemos vivir una vida santa sin una total dependencia en Dios.

Ahora, preste atención a la dependencia que David tenía en Dios en los siguientes pasajes del Salmo 119 (énfasis mío):

> *Tú encargaste que sean muy guardados tus mandamientos,* ***¡ojalá fuesen ordenados mis caminos para guardar tus estatutos!*** *Entonces no sería yo avergonzado, cuando atendiese a todos tus mandamientos. Tus estatutos guardaré;* ***no me dejes eternamente.*** (versículos 4–6, 8)

> *¿Con qué limpiará el joven su camino?* ***Con guardar tu palabra.*** (versículo 9)

> *Con todo mi corazón te he buscado;* ***no me dejes desviarme de tus mandamientos.*** *En mi corazón he guardado tus dichos, para*

no pecar contra ti. Bendito tú, oh Jehová; **enséñame tus estatu-tos.** (versículos 10-12)

Abre mis ojos, *y miraré las maravillas de tu ley. Forastero soy yo en la tierra;* **no encubras de mí tus mandamientos.** (versículos 18–19)

Reprendiste a los soberbios, los malditos, que se desvían de tus mandamientos. **Aparta de mí el oprobio y el menosprecio,** *porque tus testimonios he guardado.* (versículos 21–22)

Abatida hasta el polvo está mi alma; **vivifícame según tu palabra.** *Te he manifestado mis caminos, y me has respondido; enséñame tus estatutos.* **Hazme entender el camino de tus mandamientos,** *para que medite en tus maravillas.* (versículos 25–27)

Enséñame, oh Jehová, el camino de tus estatutos, *y lo guardaré hasta el fin.* **Dame entendimiento,** *y guardaré tu ley, y la cumpliré de todo corazón.* (versículos 33–34)

Confirma tu palabra a tu siervo que te teme. (versículo 38)

Sea mi corazón íntegro en tus estatutos, *para que no sea yo avergonzado. Desfallece mi alma por tu salvación, mas* **espero en tu palabra.** (versículos 80–81)

Susténtame conforme a tu palabra, *y viviré;* **y no quede yo avergonzado de mi esperanza. Sostenme,** *y seré salvo, Y me regocijaré siempre en tus estatutos.* (versículos 116–117)

La exposición de tus palabras alumbra; hace entender a los simples. Mi boca abrí y suspiré, porque deseaba tus mandamientos.

*Mírame, y ten misericordia de mí, como acostumbras con los que aman tu nombre. **Ordena mis pasos con tu palabra, y ninguna iniquidad se enseñoree de mí.*** (versículos 130–133)

El rey David concluye el Salmo 119 con un sentimiento de remordimiento de su propio pecado y de su abrumadora dependencia de la gracia de Dios:

Esté tu mano pronta para socorrerme, porque tus mandamientos he escogido. He deseado tu salvación, oh Jehová, y tu ley es mi delicia. ***Viva mi alma y te alabe, y tus juicios me ayuden. Yo anduve errante como oveja extraviada, busca a tu siervo,*** *porque no me he olvidado de tus mandamientos.* (versículos 173–176)

En este último versículo David muestra su dependencia total de Dios al pedirle al Señor que busque a su siervo. Esta completa dependencia sólo es posible por medio del poder del Espíritu Santo y su ayuda. Cuando de buscar a Dios se trata, es vital recordar que él nos buscó primero. La palabra de Dios nos dice lo profundo que Dios nos ama y desea que estemos en comunión cercana con él.

Oh, que diariamente oráramos: "Señor Jesús, dependo de ti y de la obra que hiciste en la cruz. Ayúdame. Dependo completamente de ti hoy para que me des sabiduría, fortaleza y revelación para que pueda servirte mejor hoy".

DE VUELTA A LA CRUZ

¿Por qué el morir a uno mismo suena tan ajeno y tan difícil para tantos? Es porque toda fuerza satánica en el universo está dedicada a mantener lejos de la cruz a todo hombre y a toda mujer. ¿Y esto debería de sorprendernos? Después de todo, el diablo odia la cruz. En el segundo en que usted y yo nos rendimos a la cruz y ofrecemos nuestra vida como un sacrificio al Señor Jesús, el Hijo de Dios, es entonces cuando el poder de Satanás queda destruido.

A lo largo de la historia, la cruz ha sido el arma de Dios en contra del enemigo,

- Cuando los hijos de Israel estaban listos para dejar Egipto, Dios reveló la Cruz (postes y el dintel) y protegió a Israel del ángel de la muerte (Éxodo 12).

- Después de que salieron de Egipto y llegaron a Mara, Dios reveló la Cruz (el árbol) y después dio el pacto de sanidad (Éxodo 15).

- Después cuando las serpientes mordieron al pueblo como resultado del pecado, y a medida que crecía el número de muertes, una vez más Dios reveló la Cruz (el asta), liberando a su propio pueblo (Números 21).

- Después de que David hizo un censo del pueblo y una plaga mató a miles de israelitas, Dios otra vez reveló la Cruz (la madera de los trillos) en los sacrificios de sangre y ofrendas hechas al Señor, haciendo que la plaga cesara (2 Samuel 24).

Así que Pablo declara: *"Pero lejos esté de mí gloriarme, sino en la cruz de nuestro Señor Jesucristo"* (Gálatas 6:14).

El enemigo hará cualquier cosa, cualquier cosa, para mantenerle a usted alejado de la cruz, de morir a sí mismo, de sacrificar su voluntad. El apóstol Pablo sabía bien esto cuando escribió: *"Con Cristo estoy juntamente crucificado, y ya no vivo yo, mas vive Cristo en mí; y lo que ahora vivo en la carne, lo vivo en la fe del Hijo de Dios, el cual me amó y se entregó a sí mismo por mí"* (Gálatas 2:20).

Una Palabra Final

Lo primero que Dios pide a cualquier creyente es que se ofrezca a sí mismo como sacrificio. Y aún cuando usted dice: "Sí, Señor, moriré a mí mismo," la batalla sólo comienza. Santificación, que significa "una participación cada vez mayor en su muerte," significa que nosotros voluntariamente ofrecemos nuestra vida y nos arrojamos a los pies del Señor en total dependencia.

Le tomó a Abraham casi cien años sacrificarse a sí mismo en el altar de la perfecta voluntad de Dios.

Le tomó a Moisés ochenta años para llegar al punto en el que fue capaz de hacerse a un lado para que Dios el Padre pudiera usarlo para liberar a una nación entera de la esclavitud y la muerte.

Le tomó al apóstol Pablo catorce y más años para alcanzar este punto después de haber sido tirado del caballo por una luz cegadora en el camino a Damasco. Tuvo que ir al desierto de Arabia a buscar el rostro de Dios. Tuvo que ser torturado y desilusionado. Finalmente pudo decir: "Con Cristo estoy juntamente crucificado". El Espíritu Santo usó el "consideraos" de Pablo para tocar al mundo conocido de aquel entonces. Las reverberaciones de su "no yo, más vive Cristo en mí" continúa hasta el día de hoy.

Todo hombre o mujer que ha sido usado poderosamente por Dios para alcanzar a otros con el evangelio de Jesucristo ha tenido testimonios seguros de haber aprendido a crucificarse a sí mismo sin considerar su auto-preservación o su propio valor.

Y fue después de que Kathryn Kuhlman experimentó el morir a sí misma y descubrió el significado de "No vivo yo, más vive Cristo en mí," que el Señor pudo usarla para sacudir al mundo a través de su ministerio evangelístico y de sanidad.

Jesús dijo: *"El que ama su vida la perderá; y el que aborrece su vida en este mundo, para vida eterna la guardará"* (Juan 12:25). ¿Cuánto odia usted su vida? Usted muere diariamente. Usted le sacrifica todo a él.

¿Dice que quiere vida abundante? ¿Dice que quiere ser victorioso? ¿Se muere de ganas de ser usado por Dios? Considere el pasaje inspirado por el Espíritu Santo y escrito por el apóstol Pablo a la iglesia de Roma. En medio de promesas eternas y maravillosas, una vez más, a los creyentes se les da el mandamiento de morir diariamente:

> *¿Qué, pues, diremos a esto? Si Dios es por nosotros, ¿quién contra nosotros? El que no escatimó ni a su propio Hijo, sino que lo entregó por todos nosotros, ¿cómo no nos dará también con él todas las cosas? ¿Quién acusará a los escogidos de Dios? Dios es el que justifica. ¿Quién es el que condenará? Cristo es el que murió; más aún, el que también está a la diestra de Dios, el que también intercede por nosotros. ¿Quién nos separará del amor de Cristo? ¿Tribulación, o angustia, o persecución, o hambre, o desnudez, o peligro, o espada? Como está escrito: Por causa de ti somos muertos todo el tiempo; somos contados como ovejas de matadero. Antes, en todas estas cosas somos más que vencedores por medio de aquel que nos amó. Por lo cual estoy seguro de que ni la muerte, ni la vida, ni ángeles, ni principados, ni potestades, ni lo presente, ni lo por venir, ni lo alto, ni lo profundo, ni ninguna otra cosa creada nos podrá separar del amor de Dios, que es en Cristo Jesús Señor nuestro.* (Romanos 8:31–39)

¿Está usted dispuesto a crucificarse a sí mismo, a crucificar su vida y sus deseos en la cruz? Las palabras del himno de invitación son claras y directas:

> Yo me rindo a él
> Yo me rindo a él
> Todo a Cristo, yo lo entrego
> Quiero serle fiel.

Jesús pagó el precio en la cruz del Calvario por usted para que viviera una vida victoriosa; pero antes de que usted pueda vivir, tiene que morir a sí mismo y a las cosas del mundo. Hoy, Jesús dice: "Sígueme". Ese camino va a la Cruz. Él ofrece el poder de sacudir su mundo con el evangelio que cambia vidas y hace milagros. Sólo la muerte a sí mismo dará acceso a este tipo de poder.

Satanás quiere que usted viva una vida sin cruz, que anuncia aventura y felicidad, sin embargo lleva a una existencia vacía y sin sentido, y a la muerte. Jesús ofrece una vida llena de la Cruz, que empieza con la muerte a uno mismo, después lleva a la abundancia, a una vida gloriosa y a la victoria en cada área de su vida, además de una eternidad con el Padre.

Las decisiones en que hacemos, para tomar nuestra cruz y seguirlo hará la diferencia por toda la eternidad.

Jesús ofrece una vida llena de la Cruz, que empieza con la muerte a uno mismo, después lleva a la abundancia, a una vida gloriosa.

5

REDENCIÓN POR MEDIO DEL CORDERO: 7 BENDICIONES ETERNAS

Y cantaban un nuevo cántico, diciendo Digno eres de tomar el libro y de abrir sus sellos; porque tú fuiste inmolado, y con tu sangre nos has redimido para Dios, de todo linaje y lengua y pueblo y nación; y nos has hecho para nuestro Dios reyes y sacerdotes, y reinaremos sobre la tierra.

—APOCALIPSIS 5:9–10

USTED HA SIDO COMPRADO Y ADQUIRIDO. La sangre del Cordero fue derramada para redimirlo. Sin embargo, ¿qué significa ser redimido?

- Significa que usted ya no es posesión del diablo. Jesucristo vino y lo compró con su propia vida y sangre.

- También significa que usted es posesión de Dios. Eso quiere decir que cada parte de usted le pertenece al cielo, y todo lo que tiene que hacer es aceptar a Jesús como su Salvador para ser redimido con su precio máximo.

Como ese es el caso, puede escoger caminar como si hubiese sido redimido, hablar como si lo fuera y verse como si lo fuera. Usted no es de Satanás; es hijo de Dios. No le pertenece al mundo; le pertenece al cielo.

Como el cielo ya lo ha escogido a usted, depende de usted escoger el cielo. ¡Ha sido redimido por la sangre del Cordero! Puede unirse al salmista al decir: *"Alabad a Jehová, porque él es bueno porque para siempre es su misericordia. Díganlo los redimidos de Jehová, los que ha redimido del poder del enemigo"* (Salmo 107:1–2).

Y al leer Efesios 1, el plan entero para su redención y salvación es revelado:

Según nos escogió en él antes de la fundación del mundo, para que fuésemos santos y sin mancha delante de él, en amor habiéndonos predestinado para ser adoptados hijos suyos por medio de Jesucristo, según el puro afecto de su voluntad, para alabanza de la gloria de su gracia, con la cual nos hizo aceptos en el Amado, en quien tenemos redención por su sangre, el perdón de pecados según las riquezas de su gracia. (1:4–7)

La Necesidad de la Humanidad

Dios creó al hombre a su imagen (Génesis 1:27), lo formó *"del polvo de la tierra, y sopló en su nariz aliento de vida y fue el hombre un ser viviente"* (Génesis 2:7). Dios le dio la tierra para que la labrara y la guardase. Adán reinaba con Dios en el planeta Tierra. Todas las necesidades del hombre estaban cubiertas, y él disfrutaba de una íntima comunión con Dios. Sin embargo, el enemigo del alma del hombre, la serpiente, *"astuta más que todos los animales del campo"* (Génesis 3:1), engañó a Eva. Adán pronto se unió a ella en su engaño cuando los dos desobedecieron el mandamiento de Dios: *"Mas del árbol de la ciencia del bien y del mal no comerás; porque el día que de él comieres, ciertamente morirás"* (Génesis 2:17). Su desobediencia trajo consecuencias severas—muerte espiritual, esclavizarse a Satanás y separación eterna de Dios.

¡A. W. Tozer, un notable escritor y uno de mis héroes de la fe favoritos, explica el estado de la humanidad como tragedia! Creados para ser un espejo del Todopoderoso, Adán y Eva perdieron la gloria de Dios. Hechos a la imagen de Dios, Adán y Eva eran más como él que los ángeles. Dios había creado al hombre para poder mirarse en el hombre, y ver reflejada ahí su gloria más que en el cielo estrellado.

Cuando Adán pecó contra Dios, violó la relación amorosa que había existido. A partir de ese momento hasta que Cristo murió en la cruz del Calvario, el hombre estaba cautivo por el poder de Satanás.

Como se dijo en los primeros capítulos de este libro, los profetas del Antiguo Testamento vieron el día en el que iban a ser liberados de la maldición del pecado. Y porque Dios no quiere que nadie perezca eternamente (2 Pedro 3:9), él dio el primer paso hacia la reconciliación. Al enviar a su Hijo como el sacrificio sin pecado y sustituto de la humanidad, Dios ofreció un camino por medio del cual el hombre podía ser redimido y reconciliado con él a través de su Hijo, Jesucristo.

El Tiempo Perfecto de Dios

Dios envió a su Hijo para morir por la humanidad. A pesar de que fue el hombre quién le dio la espalda a la relación que había disfrutado con Dios, a causa del amor perfecto de Dios hacia el hombre, el Padre dio el primer paso para redimir y reconciliar a la humanidad para que tuviera una relación correcta con él enviando a su Hijo para que muriera por usted y por mí:

Mas Dios muestra su amor para con nosotros, en que siendo aún pecadores, Cristo murió por nosotros. Pues mucho más, estando ya justificados en su sangre, por él seremos salvos de la ira. Porque si siendo enemigos, fuimos reconciliados con Dios por la muerte de su

Hijo, mucho más, estando reconciliados, seremos salvos por su vida.
(Romanos 5:8–10)

Jesús voluntariamente se convirtió en nuestro sustituto, dando su vida en la cruz del Calvario y derramando su sangre para expiación del pecado. El precio que él pagó hizo posible que toda la humanidad fuera liberada de la consecuencia del pecado, separación eterna de Dios. Por medio de Jesucristo y su sangre derramada, somos perdonados, limpiados, redimidos y justificados: *"En quien tenemos redención por su sangre, el perdón de pecados según las riquezas de su gracia"* (Efesios 1:7).

Debido a la gracia de Dios, nuestro pecado no sólo es perdonado, sino que es removido para siempre como si jamás hubiera existido. Somos declarados inocentes de toda culpa. Este regalo maravilloso es el resultado del perfecto amor de Dios y su gracia hacia el hombre, permitiendo que el hombre sea visto como inocente y reconciliado con Dios, para disfrutar una relación con nuestro Padre, igual a la que conocieron Adán y Eva en el Jardín del Edén.

El lo Adquirió a Usted Completo

El Dr. Winston Nunes era un teólogo canadiense maravilloso que sembró mucho en mi vida cuando yo era joven. Era un querido hombre de Dios, quien hasta el día en que se fue al cielo en 1999, dio su vida para ayudar a que otros entendieran la palabra de Dios y sus caminos. Él hizo esta declaración sorprendente: "Dios Todopoderoso no va a ir de aquí a la redención; va a ir de la redención hacia allá".

Dios empieza de la redención en adelante. Él no nos está trayendo al lugar de la redención. Él empieza con la redención. El Dr. Nunes continuó diciendo: "La realidad es que ya somos redimidos".

Cuando usted sabe que es redimido, su caminar con Dios cambiará. Se verá a usted mismo en una luz diferente. Se verá a sí mismo de una forma distinta. Cuando sabe que es redimido, usted sabe que Satanás no lo puede tocar, ni su mente o su cuerpo o ninguna parte de usted. ¿Por qué? ¡Porque usted es redimido!

¿Realmente entiende lo que significa ser comprado? Significa que Cristo Jesús tiene autoridad completa y derechos sobre usted. Significa que ningún poder extraño puede tocar su vida. Cuando usted es comprado, significa que Satanás y todas sus huestes no tienen derecho de tocarlo.

El éxito del diablo depende de la ignorancia de usted. Cuando usted no sabe quién es usted en Cristo, entonces él viene y lo toca, tratando de arruinarlo. Viene y lo golpea. Debe pararse fuerte en Cristo y saber quién es usted en él. ¡Usted es redimido! ¡Es comprado! ¡Es de él!

Cada parte de usted es de él. Usted es hueso de sus huesos y carne de su carne. No solamente su corazón es de él, su alma y su cuerpo son de él. La Palabra de Dios dice que el cuerpo es para el Señor.

Cada parte de usted es de él. Usted es hueso de sus huesos y carne de su carne. No solamente su corazón es de él, su alma y su cuerpo son de él.

Cuando usted se para en el conocimiento de que hasta el pelo de su cabeza le pertenece a él (es por eso que los numeró, como lo explica Mateo 10:30), usted no tolerará que ningún poder extraño lo toque, pues usted le pertenece al Dios Todopoderoso.

Dios lo valora tanto a usted que la sangre de su Hijo pagó por usted. Piense en lo que sería sacrificar a su propio hijo para pagar por el pecado de otra persona. ¿Podría usted hacerlo? No. En nuestra fuerza humana no podríamos. ¡Sin embargo, Dios lo hizo! Dios Todopoderoso dio a su Hijo unigénito, y lo vio inmolado en una cruz para comprar de nuevo a los pecadores. Jesús murió por los corrompidos, los sucios, los atados, los oprimidos y los endemoniados.

El precio ha sido pagado por cada hombre, cada mujer, cada niño, cada niña. Y lo único que usted tiene que hacer es decir sí. El libro de Isaías declara: *"Ahora, así dice Jehová, Creador tuyo, oh Jacob, y Formador tuyo, oh Israel: No temas, porque yo te redimí; te puse nombre, mío eres tú"* (Isaías 43:1).

Nos rendimos a él porque no somos nuestros. Cuando usted se resiste, peca contra él. Cuando se resiste, dice a Dios: "Dios, no puedes tenerme; yo soy mi propia persona".

¿Se acuerda del mensaje de Pablo? Usted no es suyo. No se pertenece ni a usted mismo. Usted le pertenece a Jesús. El precio está pagado. La compra está completa. La redención está hecha. El que usted se resista, es resistir a su gracia, misericordia y poder en su vida.

Recientemente yo estaba orando acerca de una dificultad que se me había presentado meses atrás. Hay muchas responsabilidades involucradas cuando se maneja un ministerio mundial, y aunque no lo voy a agobiar con dificultades específicas, era algo que parecía que yo no podía resolver. El Señor me habló mientras estaba orando y dijo: "¿No te das cuenta de que eres mío?"

Le dije: "Señor, yo sé eso".

Él dijo: "Si tú eres mío, también lo son tus problemas". Él dijo, "¿Por qué me das tu cuerpo, pero no me das tus problemas?"

Yo dije: "Señor, no pensé que quisieras mis problemas".

Él dijo: "No solamente te compré a ti, sino que también tus problemas".

Definitivamente él ganó esa conversación, por lo que estoy muy agradecido. Sus caminos son siempre mejores que los nuestros. ¿Por qué no echar nuestras cargas sobre él?

¿POR QUÉ RESISTIRSE?

Somos redimidos, sin embargo con qué frecuencia no podemos echar todas nuestras cargas y problemas en él. Quizá parecen demasiado sucios, demasiado problemáticos, demasiado confusos o hasta vergonzosos. Decimos: "Oh, Jesús, te doy mi alma, mi cuerpo, mi vida, pero no te puedo dar esto". La Palabra de Dios amonesta: *"Echa sobre Jehová tu carga, y él te sustentará; no dejará para siempre caído al justo"* (Salmo 55:22).

Me gusta mucho leer libros escritos por autores maravillosos del pasado. Las obras de R.A. Torrey han afectado mi vida grandemente. Acerca de este tema dijo: "Algunas veces a nosotros nos da miedo traer nuestros problemas a Dios, porque pueden parecerle demasiado pequeños a él que se sienta en el círculo de la tierra. Pero si son lo suficientemente grandes para poner en peligro nuestro bienestar, son lo suficientemente grandes para tocar su corazón de amor. Ya que el amor no se mide en las balanzas de un mercader, ni con los instrumentos de un agrimensor. Tiene una delicadeza . . . desconocida en cualquier sustancia material".

Dios se preocupa por cada área de la vida de un creyente. No debemos negarle nada. Todo es de él. Usted es comprado por un precio, no sólo usted, sino todo lo que a usted le pertenece, todo lo que tiene. Eso incluye todos sus problemas, alegrías, tristezas, dificultades, los puntos buenos y los puntos malos. ¡Todo es de él! Ya no nos pertenecen a nosotros. El problema es que muy a menudo tratamos de retomar posesión de todas las cosas familiares que nos detienen y no permiten que le sirvamos de todo corazón.

Había un hombre en Rusia hace muchos años, durante la tiranía soviética que había sido encarcelado en un foso. No había visto una cara humana en años. Lo alimentaban metiendo comida por debajo de la puerta. Estaba oscuro; no había visto la luz del sol durante meses. Se encontraba en una de las peores situaciones en la que uno puede estar. Por largo tiempo no había escuchado una voz humana. Hasta que un día, Jesús se le aparecío. ¡Estaba tan sorprendido y tan conmovido de que Jesucristo lo visitara!, que dijo: "Oh, querido Jesús, ¿qué puedo darte a cambio sólo, para darte las gracias?"

El Señor le dijo: "Todo es mío".

El hombre le dijo otra vez: "Debe haber algo que pueda darte para agradecerte el que hayas venido a visitarme".

El Señor le volvió a decir: "Todo es mío, no hay nada que puedas darme".

No obstante el hombre clamó una vez más: "Oh, Señor, debe haber algo que pueda darte".

El Señor contestó: "Dame tu pecado".

El hombre dijo: "Seguramente debe haber algo mejor que pueda darte".

Jesús dijo: "No, hasta tu pecado es mío".

Piense en eso. No solamente lo compró a usted, sino también su pecado. ¡Que Señor tan maravillosos servimos! ¡No sólo podemos darle nuestro cuerpo, sino también nuestro pecado!

Me recuerda a una escena poderosa de una película de 1955 llamada *Un Hombre llamado Pedro*. Esta es la historia tierna, bien narrada del ganador del premio de la Academia Peter Marshall, un ministro Escocés que viajó a América y eventualmente fue el pastor de la Iglesia de los Presidentes en la capital de nuestra nación. También sirvió como capellán del Senado de los Estados Unidos. Me acuerdo de una escena en particular en la que Catherine Marshall, su esposa, estaba enferma. Ella oró, sin embargo no sucedió nada. No recibió ninguna sanidad. Finalmente se rindió a la voluntad de Dios. Dios la sanó en el momento en el que ella le rindió todo a él.

Cuántas veces podemos decir: "¡Sáname! ¡Sáname! ¡Sáname!" Sin embargo nada sucede. En lugar de eso, debemos darle a Cristo nuestra enfermedad. ¿Se da usted cuenta de que nada le pertenece a usted, ni siquiera su alma? Entonces, ¿por qué se esta aferrando a las cosas que le impiden que se mueva hacia adelante en fe?

Díganlo los Redimidos del Señor

Usted ha sido redimido de toda iniquidad. Ningún pecado puede dominar su vida porque ha sido comprado. Como cristianos, somos separados como pueblo adquirido por Dios, celoso de buenas obras:

> Aguardando la esperanza bienaventurada y la manifestación gloriosa de nuestro gran Dios y Salvador Jesucristo, quien se dio a sí mismo por nosotros para redimirnos de toda iniquidad y purificar para sí un pueblo propio, celoso de buenas obras. (Tito 2:13–14)

Y así Dios lo ha arrebatado a usted de la mano del enemigo: "Y te libraré de la mano de los malos, y te redimiré de la mano de los fuertes" (Jeremías 15:21). Satanás no puede tenerlo a usted, ni tampoco puede tocarlo. La Biblia nos da estas poderosas promesas; sin embrago depende de nosotros, los creyentes vivir en ellas, caminar en ellas y llenar nuestras vidas con la Palabra de Dios.

Inclusive la muerte no puede tomarlo a usted. Dios dice: "De la mano del Seol los redimiré, los libraré de la muerte" (Oseas 13:14).

¡La muerte no es dueña de usted; la vida es su dueña! Usted debe dejar que esto penetre profundamente en su espíritu y debe hablarlo con su boca. El Salmo 107:2 declara: "Díganlo los redimidos de Jehová, los que ha redimido del poder del enemigo".

Es tiempo de decirlo. ¿Por qué debe usted hablar en voz alta de su redención? Es tiempo de reclamar todo lo que el Cordero de Dios ha provisto para usted por medio de la cruz del Calvario. Es para recordarle al diablo de su derrota. De hecho, cada vez que usted dice: "¡Soy redimido!" El diablo recuerda su pérdida.

Porque usted es Redimido por el Cordero de Dios

Una vez que usted acepta a Jesucristo en su corazón, pidiéndole que sea su Salvador y el Señor de su vida, gran autoridad está disponible para usted mientras aprende a apropiarse del poder del pacto de sangre. Usted puede experimentar victoria hoy a causa de su sangre. Hay muchas grandes promesas en la Palabra de Dios que hablan de la sangre. Aquí hay siete bendiciones que recibimos a través de la redención por medio de la sangre del Cordero.

1. Por cuanto usted ha sido redimido por el Cordero, el Espíritu Santo es suyo.

Se nos dio el Espíritu Santo a causa de la redención y la Cruz. Pedro nos dice esto en 1 Pedro 1:2: *"Elegidos según la presciencia de Dios Padre en santificación del Espíritu, para obedecer y ser rociados con la sangre de Jesucristo: Gracia y paz os sean multiplicadas"*. La obra redentora de Cristo nos da al Espíritu Santo.

Y el Espíritu Santo responde a la sangre. La sangre siempre trajo el fuego en el Antiguo Testamento, y lo mismo sucede hoy: la sangre trae al Espíritu del Señor sobre su vida. La Biblia dice que el Espíritu Santo y la sangre concuerdan: *"Y tres son los que dan testimonio en la tierra: el Espíritu, el agua y la sangre; y estos tres concuerdan"* (1 Juan 5:8).

El Espíritu Santo está sobre usted porque usted es redimido. El Espíritu Santo y la sangre del Cordero están en total acuerdo. Donde está la sangre, está el Espíritu Santo. Donde está el Espíritu Santo, está la sangre. Usted jamás encontrará la presencia del Espíritu Santo sin la disponibilidad de la sangre, tocando, limpiando y purificando.

En donde usted vea la sangre aplicada, verá al Espíritu Santo activo, moviéndose y tocando vidas.

2. Por cuanto usted es redimido por el Cordero, usted está reconciliado con Dios.

La carta de Pablo a la iglesia de Colosas inspirada por el Espíritu Santo comparte otra promesa de la sangre del Cordero: *"Y por medio de él reconciliar consigo todas las cosas, así las que están en la tierra como las que están en los cielos, haciendo la paz mediante la sangre de su cruz"* (Colosenses 1:20).

> *Usted jamás encontrará la presencia del Espíritu Santo sin la disponibilidad de la sangre, tocando, limpiando y purificando.*

La sangre lo redime a usted, y una vez que es redimido usted es reconciliado con Dios. El poder de la sangre de Cristo remueve todo lo que lo separa a usted de Dios. Restaura nuestra relación y comunión con Dios. En la reconciliación, el Espíritu Santo es suyo, y la presencia de Dios es suya en su totalidad.

¿Sabe usted que cuando Jesús lo compró y lo hizo suyo, su presencia se volvió suya eternamente?

3. Por cuanto usted es redimido por el Cordero, usted es limpiado continuamente.

A causa de la sangre del Cordero, recibimos limpieza en Cristo. Hay un habitar ininterrumpido en él por medio de la limpieza de la sangre. La Escritura declara: *"Pero si andamos en luz, como él está en luz, tenemos comunión unos con otros, y la sangre de Jesucristo su Hijo nos limpia de todo pecado"* (1 Juan 1:7).

Limpia. Eso es tiempo presente.

¿Cómo es que caminamos en la luz para poder recibir esa limpieza tan maravillosa? Sencillamente le confesamos nuestros pecados a él y recibimos su perdón. Cuando hacemos esto, de acuerdo a la Escritura, él es fiel y justo para perdonarnos y limpiarnos de toda maldad. Hay un fluir ininterrumpido de poder limpiador en Cristo Jesús. Su sangre tiene poder permanente que sigue limpiándonos continuamente.

La limpieza no viene a usted una vez por semana o inclusive cada día. Viene en Cristo cada segundo. La sangre tiene poder limpiador permanente porque usted ha sido comprado. Me encanta lo que dice Apocalipsis 1:5–6:

> *Y de Jesucristo el testigo fiel, el primogénito de los muertos, y el soberano de los reyes de la tierra. Al que nos amó, y nos lavó de nuestros pecados con su sangre, y nos hizo reyes y sacerdotes para Dios, su Padre; a él sea gloria e imperio por los siglos de los siglos. Amén.*

Cuando Dios lo mira a usted, él no ve ningún pecado. Él ve la sangre de Cristo limpiándolo a usted. Usted está limpio, total y completamente limpio. La sangre del Cordero lo hace puro ante los ojos de Dios. Es como si usted nunca hubiera pecado. ¡Aleluya!

4. Por cuanto usted es redimido por el Cordero, usted es santificado.

Hebreos 13:12 dice: *"Por lo cual también Jesús, para santificar al pueblo mediante su propia sangre, padeció fuera de la puerta"*.

Y cuando usted es santificado, se convierte en una vasija de honor separada para el uso del maestro. El apóstol Pablo, escribiendo bajo el poder del Espíritu Santo, dio esta nítida descripción en 2 Timoteo 2:21: *"Así que si alguno se limpia de éstas cosas, será instrumento para honra, santificado, útil al Señor, y dispuesto para toda buena obra"*.

Dios lo escogió a usted y lo apartó porque lo ama. Hay un texto extraordinario de la Escritura, en Deuteronomio, que atestigua esta verdad:

> Porque tú eres pueblo santo para Jehová tu Dios; Jehová tu Dios te ha escogido para serle un pueblo especial, más que todos los pueblos que están sobre la tierra. No por ser vosotros más que todos los pueblos os ha querido Jehová y os ha escogido, pues vosotros erais el más insignificante de todos los pueblos; sino por cuanto Jehová os amó, y quiso guardar el juramento que juró a vuestros padres, os ha sacado Jehová con mano poderosa, y os ha rescatado de servidumbre, de la mano de Faraón rey de Egipto.
> (7:6–8)

El Espíritu Santo es suyo, la presencia de Dios es suya, limpieza continua es suya, y santificación le pertenece a usted cuando es lavado por la sangre de Cristo.

5. Por cuanto es redimido por el Cordero, usted es perfeccionado.
Hebreos 10:14 nos dice una verdad importante: *"Porque con una sola ofrenda hizo perfectos para siempre a los santificados"*. Y habiéndonos perfeccionado, él no se acuerda de nuestros pecados, ni los trae a la memoria.

Piense en el hecho de que Dios dice que él no se acordará de sus pecados más. ¿Puede imaginarse ese día cuando esté parado delante de Jesús en gloria? Él no le recordará a usted sus pecados, porque todo pecado ha sido olvidado. Todo pecado está bajo la sangre. Todo pecado ha sido lavado. Usted es perfecto. Bueno. Esa es una declaración sorprendente, y sin embargo, ¡es la palabra de Dios!

6. Por cuanto usted es redimido por el Cordero, usted pasa de muerte a vida.

El momento en el que usted recibe a Jesús en su vida, usted pasa de pecado a justicia y de tinieblas a vida por medio de su sangre:

> *De cierto, de cierto os digo: El que oye mi palabra, y cree al que me envió, tiene vida eterna; y no vendrá a condenación, mas ha pasado de muerte a vida.* (Juan 5:24)

> *Para que abras sus ojos, para que se conviertan de las tinieblas a la luz, y de la potestad de Satanás a Dios; para que reciban, por la fe que es en mí, perdón de pecados y herencia entre los santificados.* (Hechos 26:18)

> *Mas Dios muestra su amor para con nosotros, en que siendo aún pecadores, Cristo murió por nosotros. Pues mucho más, estando ya justificados en su sangre, por él seremos salvos de la ira. Porque si siendo enemigos, fuimos reconciliados con Dios por la muerte de su Hijo, mucho más, estando reconciliados, seremos salvos por su vida.* (Romanos 5:8–10)

> *Con gozo dando gracias al Padre que nos hizo aptos para participar de la herencia de los santos en luz; el cual nos ha librado de la potestad de las tinieblas, y trasladado al reino de su amado Hijo, en quien tenemos redención por su sangre, el perdón de pecados.* (Colosenses 1:12–14)

La sangre de Cristo hace que el juicio pase por su vida mientras usted es liberado del dominio de Satanás. De igual forma, al ser aplicada la sangre del cordero en las casas de los israelitas ninguna plaga vino sobre ellos ni los destruyó: *"Y la sangre os será por señal en las casas donde vosotros estéis; y veré la sangre y pasaré de vosotros, y no habrá en vosotros plaga de mortandad cuando hiera la tierra de Egipto"* (Éxodo 12:13).

El juicio sólo cae sobre aquellos que están viviendo en el mundo. La gracia cubre las vidas de aquellos que han recibido a Jesucristo a causa de su sangre preciosa que fue derramada.

7. Por cuanto usted es redimido por el Cordero, usted puede venir confiadamente ante el trono de Dios.
No solamente usted es perfeccionado en Cristo, también le ha sido dada confianza para entrar en la santa presencia de Dios.

> *Así que, hermanos teniendo libertad para entrar en el Lugar*
> *Santísimo por la sangre de Jesucristo, por el camino nuevo y vivo*
> *que él nos abrió a través del velo, esto es, de su carne, y teniendo*
> *un gran sacerdote sobre la casa de Dios, acerquémonos con corazón*
> *sincero, en plena certidumbre de fe, purificados los corazones de*
> *mala conciencia, y lavados los cuerpos con agua pura.*
> *Mantengamos firme, sin fluctuar, la profesión de nuestra esperanza,*
> *porque fiel es el que prometió.* (Hebreos 10:19–23)

Siempre recuerde, cada promesa de la Biblia le pertenece a usted. Es por eso que la Palabra dice que *"Es fiel el que prometió"*. Usted puede caminar en y clamar cada promesa en la Biblia. Puede caminar en la presencia de Dios hoy porque usted ha sido comprado con la sangre del Cordero.

¿Recuerda la historia de Ester? Es un relato emocionante que los creyentes deben leer a menudo. Mardoqueo le dijo a Ester: "Más vale que entres y pidas por tu vida y por la vida de tu pueblo".

Ester le respondió: "Mira, si entro sin ser invitada, me matarán". La ley de los medas y los persas en esa época era tal que si el rey no lo llamaba, uno moriría al tratar de entrar a verlo.

REDENCIÓN POR MEDIO DEL CORDERO

¡Tengo noticias hoy para usted! ¡El Rey lo ha llamado a usted! Cada día él dice: "Pase".

Usted es comprado, fue adquirido y usted es redimido. ¡Usted le pertenece a Dios! Usted no tiene que entrar ante su presencia temeroso por su vida como lo hacían en el tiempo de Ester. Todo lo que tiene que hacer es venir y dar a conocer sus peticiones, a través de nuevo camino y una vida nueva, que es la sangre de Jesucristo.

> De cierto, de cierto os digo; El que en mí cree, las obras que yo hago, él las hará también; y aún mayores hará, porque yo voy al Padre. Y todo lo que pidiereis al Padre en mi nombre, lo haré, para que el Padre sea glorificado en el Hijo. (Juan 14:12–13)

Una vez que usted esté en su presencia, usted puede pedir lo que usted quiera mientras él le da a conocer su voluntad. Él se lo dará a usted. ¿Por qué? Porque dijo: "de cierto, de cierto" que significa "en verdad, en verdad". ¡Que maravillosa promesa que se vuelve disponible a usted cuando usted acepta al Cordero de Dios en su corazón y en su vida!

UNA PALABRA FINAL

Hay tantas promesas que vienen a su vida cuando su corazón es lavado con la sangre del Cordero. La Biblia está llena de ellas; tantas, de hecho, que le tomaría a usted el resto de su vida explorarlas todas.

Por ejemplo, el libro de Apocalipsis contiene una poderosa promesa de Dios para usted hoy: "*Y ellos le han vencido por medio de la sangre del Cordero y de la palabra del testimonio de ellos, y menospreciaron sus vidas hasta la muerte*" (12:11).

En Cristo, usted tiene victoria y protección. Así como la sangre del cordero trajo la Pascua a los israelitas, igual con la sangre de Jesucristo,

138

el Cordero de Dios es su Pascua. Ningún mal puede venir a usted a causa de la sangre; el mal debe pasar de largo.

Porque Jehová pasará hiriendo a los egipcios; y cuando vea la sangre en el dintel y en los dos postes, pasará Jehová aquella puerta, y no dejará entrar al heridor en vuestras casas para herir. (Éxodo 12:23)

En la oración, usted puede aplicar su sangre a su vida, la de su familia, a su casa y a sus posesiones. En Éxodo, los hijos de Israel aplicaron la sangre del cordero a sus puertas. Más tarde, Moisés roció la sangre en todos los muebles y piezas del tabernáculo. Aplicó la sangre en los libros y en el pueblo (ver Hebreos 9:9–21). De igual manera, usted también puede cubrir su casa con la sangre de Cristo. No sólo ha sido comprado por la obra del Salvador en la cruz, usted está cubierto con su sangre.

Ahora, más que nunca, usted puede cantar la maravillosa canción de Fanny Crosby:

Redimido, ¡cómo me gusta proclamarlo!
Redimido por la sangre del Cordero;
Redimido por su infinita misericordia,
Su hijo y por siempre yo soy.

Pienso en mi bendito Redentor,
Pienso en él todo el día;
Yo canto, pues no puedo estar callado;
Su amor es el tema de mi canción.

Redimido, redimido,
Redimido por la sangre del Cordero;
Redimido, redimido,
Su hijo y por siempre yo soy.

¡Díganlo los redimidos del Señor! El Señor ha derrotado todo enemigo. ¡La victoria es suya hoy! Usted es redimido. ¡Que emocionante vida llena de expectación de todas sus bendiciones cuando nosotros recibimos redención por la sangre del Cordero de Dios!

El Cordero de Dios y Usted

El Señor es mi ayudador; no temeré lo que me pueda hacer el hombre. . . . Jesucristo es el mismo ayer, y hoy, y por los siglos.

—Hebreos 13:6, 8

Nació en Belén de una virgen, milagrosamente concebido por el Espíritu Santo, y vivió una vida sin pecado en la pequeña aldea de Nazaret. Hasta que comenzó su ministerio público a los treinta años, Jesús trabajó como carpintero. Por tres años, viajó con un pequeño grupo de seguidores, pero nunca viajó más de unos cuantos kilómetros desde su lugar de nacimiento, usualmente a pie o en barco.

La historia nos revela que el Hijo del Hombre no era dueño de grandes edificios o que haya iniciado grandes negocios empresariales. No tenía títulos eclesiásticos ni ocupaba posiciones políticas notables. No ganó diplomas ni credenciales académicas de los centros educativos de su tiempo, y jamás escribió un libro.

Aún después de pasar tanto tiempo con los doce discípulos, compartiendo momentos tan poderosos e íntimos con ellos mientras aprendían sentados a sus pies, sus mejores amigos lo abandonaron y lo traicionaron cuando sus enemigos lo buscaron para matarlo. Se burlaron de él durante su juicio y en público como si fuera un loco.

Desnudo y sangrando, fue clavado en la cruz a la vista de todos los espectadores que lo miraban con la boca abierta en la colina llamada Gólgota, dejando que muriera avergonzado entre dos ladrones comunes. Cuando fue declarado muerto, lo enterraron en la tumba de otra persona sin ninguna fanfarria.

Sin embrago hoy, él continúa siendo la figura central de la humanidad. Más de veinte siglos han pasado y todavía él sigue siendo la fuerza más poderosa conocida por la humanidad. Ejércitos masivos han ido y venido, sistemas políticos poderosos se han levantado y caído, dictadores y reyes todo poderosos han sido reducidos a polvo— sin embargo todos ellos juntos jamás han impactado al mundo como lo hizo este Hijo de Hombre llamado Jesucristo el Salvador. Él es, después de todo, *"Jesucristo el mismo ayer, y hoy, y por los siglos"* (Hebreos 13:8). Él continúa cambiando corazones y vidas hoy. Y por cuanto murió en la cruz avergonzado, la palabra de Dios declara que un día toda rodilla se doblará y toda lengua confesará que él es Señor.

> *Haya, pues, en vosotros este sentir que hubo también en Cristo Jesús, el cual, siendo en forma de Dios, no estimó el ser igual a Dios como cosa a que aferrarse, sino que se despojó a sí mismo, tomando forma de siervo, hecho semejante a los hombres; y estando en la condición de hombre, se humilló a sí mismo, haciéndose obediente hasta la muerte, y muerte de cruz. Por lo cual Dios tambien le exalto—hasta lo sumo, y le dio un nombre que es sobre todo nombre, para que en el nombre de Jesús se doble toda rodilla de los que están en los cielos, y en la tierra, y debajo de la tierra; y toda lengua confiese que Jesucristo es el Señor, para gloria de Dios Padre.* (Filipenses 2:5–11)

Una Invitación Personal

Cada vez que me comunico con las personas a través de libros, cruzadas, programas de televisión o les hablo personalmente, me doy cuenta de que las personas provienen de una variedad de orígenes. Quizá usted ha sido un cristiano dedicado durante muchos años. Otros, quizá usted, nunca antes han escuchado o entendido el evangelio y están buscando respuestas a preguntas que jamás pensó que se habría preguntado. Si los siguientes párrafos no se relacionan con usted, por favor dese cuenta que otros lectores están empezando de lugares y perspectivas diferentes.

Aún así, aquí hay un punto de partida básico para todos: Sin importar su origen, educación o cultura, el primer paso hacia una vida de perdón y una eternidad en el cielo es asegurarse de que usted tiene a Jesús viviendo en su corazón.

No importa qué situación o dificultades usted esté enfrentando en este momento, Dios quiere darle las respuestas a las preguntas que usted tiene. Él dio a su Hijo para ofrecer libertad de la culpabilidad y una paz que el mundo no puede dar. El Creador del universo ofreció a Jesucristo como el *"Cordero de Dios, que quita el pecado del mundo"* (Juan 1:29) para poder atraer a cada uno de nosotros hacia él. Esto da una idea de cuánto se preocupó por usted, y aún cuida de usted y seguirá cuidando de usted y de mí. No tenemos que sentirnos solos o separados de él. Él quiere estar en estrecha comunión con nosotros.

Es un hecho histórico que él murió en la cruz y resucitó de la tumba. A través de esos hechos sobrenaturales Jesucristo pagó el castigo de nuestro pecado y rebeldía en contra de Dios. Él, solamente, llena la brecha que había entre Dios y el hombre. Juan 3:16, de hecho, declara: *"Porque de tal manera amó Dios al mundo, que ha dado a su Hijo unigénito, para que todo aquel que en él cree, no se pierda, más tenga vida eterna".*

Usted puede tener una relación cercana y eterna con él cuando confía en Cristo Jesús solamente para que lo salve de la maldición que ha caído sobre toda la humanidad. De hecho, cuando usted confiesa sus pecados y lo recibe a él en su corazón, Dios le da a usted el derecho de ser hecho su hijo que ha sido perdonado: *"Mas a todos los que le recibieron, a los que creen en su nombre, les dio potestad de ser hechos hijos de Dios"* (Juan 1:12).

Es así de sencillo. Yo soy una prueba viviente. Mi vida comenzó a cambiar desde cuando era yo joven que me arrodillé y le pedí al Salvador que entrara en mi corazón. Los miembros de mi familia, uno por uno, vinieron al mismo conocimiento cuando aceptaron al Salvador. Desde entonces, he visto los corazones más escépticos ser tocados y vidas imposiblemente desesperadas ser cambiadas alrededor del mundo.

Querido lector, si usted no lo ha hecho ya, ¿existe alguna buena razón por la que usted no pueda recibir a Jesucristo en su corazón ahora mismo? Si usted está dispuesto a dejar ir sus cargas y pecado y si usted se arrepiente y recibe a Jesucristo como su Señor y Salvador, usted puede hacerlo ahora mismo. En este momento usted puede orar la oración más importante de su vida. Puede usar palabras como éstas:

Querido Señor Jesús, yo creo que tú eres el Hijo de Dios. Yo creo que tú viniste a la tierra hace 2.000 años. Yo creo que tú moriste por mí en la cruz y que derramaste tu sangre para mi salvación. Yo creo que resucitaste de los muertos y ascendiste a lo alto. Creo que vas a venir otra vez a la tierra. Querido Jesús, yo soy un pecador. Perdona mi pecado; límpiame ahora mismo con tu preciosa sangre. Entra en mi corazón, salva mi alma.

Ahora mismo yo me rindo, lo mejor que sé. Te doy mi vida. Yo te

proclamo el Señor de mi vida, mi Salvador, mi Dios. Hoy, yo declaro que

ya no le pertenezco a Satanás; le pertenezco a Jesús. Dios Todopoderoso

es mi Padre celestial; Jesucristo, mi Salvador; el Espíritu Santo, mi

Consolador. Y yo proclamo que soy tuyo para siempre, lavado en tu sangre

y que soy nacido de nuevo. Amén.

Si usted ha hecho esta oración de corazón, la Biblia tiene más promesas para usted que cambiarán su vida, incluyendo la que se encuentra en Romanos 10:13: *"Porque todo aquel que invocare el nombre del Señor, será salvo".*

La Biblia también nos dice: *"De modo que si alguno está en Cristo, nueva criatura es; las cosas viejas pasaron; he aquí todas son hechas nuevas"* (2 Corintios 5:17).

La Escritura declara: *"En quien tenemos redención por su sangre, el perdón de pecados según las riquezas de su gracia"* (Efesios 1:7). Esta redención es la que señaló el apóstol Pablo cuando escribió: *"Porque habéis sido comprados por precio; glorificad, pues, a Dios en vuestro cuerpo y en vuestro espíritu, los cuales son de Dios"* (1 Corintios 6:20).

Reciba a Jesús. Abrace a Cristo. Ame al Cordero de Dios. Ríndase al Salvador. Esté atento a su pronta venida mientras le sirve fielmente. Planee pasar la eternidad con él alrededor del trono de Dios a causa de la obra que él hizo en el Calvario.

Una Nota Final

Si usted ha recibido a Jesús en su corazón al leer este libro, por favor hágamelo saber. Usted puede llamar al teléfono 1-817-722-2222 o por Internet en http://Latino.BennyHinn.org y puede darnos su informe de salvación para que podamos alabar a Dios con usted. También puede llamar a ese mismo número para hablar con un consejero de oración si usted quiere que alguien hable y ore con usted acerca de alguna necesidad o petición.

El deseo más grande de Dios es tener una relación íntima con sus hijos. Él quiere que usted lo conozca más profundamente mientras crece en su diario caminar con Jesucristo: *"Estando persuadido de esto, que el que comenzó en vosotros la buena obra, la perfeccionará hasta el día de Jesucristo"* (Filipenses 1:6).

Dios lo ama a usted. Él dio a su Hijo por usted. Cuando usted aceptó a Jesucristo en su corazón, usted recibió lo mejor de Dios. La aventura más emocionante de todas empieza cuando usted se arrodilla al pie de la cruz. Algún día nuestro viaje terminará cuando una vez más usted se arrodille delante de sus pies en el cielo. ¡Qué tiempo aquel será! La clásica canción de Bill Gaither dice esto tan maravillosamente:

> Dios envió a su Hijo—le llamaban Jesús:
> Él vino a amar, sanar y perdonar.
> Vivió y murió para comprar mi perdón;
> Una tumba vacía está para probar que mi Salvador existe.
>
> Por cuanto él vive puedo enfrentar el mañana.
> Por cuanto él vive todo temor se ha ido.
> Por cuanto sé que él sostiene el futuro,
> Y que la vida vale la pena vivirla—solamente porque él vive.[1]

NOTAS

Introducción

1. George Bennard, "The Old Rugged Cross," 1913.

Capítulo 1

1. Josh McDowell, *A Ready Defense* (Nashville, TN: Tomás Nelson, 1993), 210.
2. C. S. Lewis, *Mere Christianity* (Nueva York: HarperCollins, 2001), 51.
3. Norman Anderson, *Jesus Christ: The Witness of History* (Downers Grove, IL: InterVarsity Press, 1984), 113–114
4. Lewis, *Mere Christianity*, 52.
5. Lewis, 52.

Una Palabra Final

1. William J. Gaither, "Because He Lives," copyright © 1971 por William J. Gaither. Derechos reservados. Utilizado con autorización.